Holt Advanced Spanish

Curso de introducción

Cuaderno de práctica

D1305969

HOLT, RINEHART AND WINSTON

A Harcourt Education Company

Orlando • **Austin** • New York • San Diego • Toronto • London

ISBN 0-03-074152-1

11 12 13 170 07

ÍNDICE

Colección 4 El misterio y la fantasía

Colección 5 El amor

Colección 6 El poder de la palabra

Colecciones 1–6:

Actividades

....

COLECCIÓN 1 — ¡Así somos!

Yo soy, tú eres, él es... y Viajes

Comprensión del texto

A. Escribe en los espacios en blanco los personajes de «Yo soy, tú eres, él es...» y de «Viajes» que mejor correspondan a cada una de estas definiciones.

Personajes: los pragmáticos, los famas, los cronopios, los independientes, las esperanzas, las chicas

_____ **1.** Hablan por los codos y son muy complicadas.

_____ **2.** Son sedentarias y no se molestan en ir a ver las cosas.

_____ **3.** Son muy diligentes y organizados.

_____ **4.** Son realistas y saben resolver los problemas de una manera práctica.

_____ **5.** Buscan vivir de acuerdo a sus propias ideas y convicciones.

_____ **6.** Son poco previsores pero viven felices.

B. Completa las oraciones con la palabra que falte. Cambia la forma de la palabra si es necesario.

personalidad	viajar	analizar
comprenderse	reconocer	organizado

1. Parece ser que tanto a los chicos como a las chicas les cuesta trabajo

_____ que una persona del otro sexo es mejor en algo.

2. El test de personalidad _____ tu forma de ser según la imagen gráfica

que escoges y mejor se adapta a ti.

3. Las personas introspectivas son aquellas que _____ a sí mismas y no

tienen miedo de estar solas.

4. Los famas, los cronopios y las esperanzas son tres tipos de _____ .

5. Los famas son excesivamente _____ , hasta el punto de que hacen reír.

6. Cortázar nos dice que cada uno de nosotros tenemos una manera de

_____ que nos caracteriza y muestra cómo somos.

COLECCIÓN I • LECTURA

Lectura

Yo soy, tú eres, él es... y Viajes

Análisis del texto

C. Piensa en los tres personajes de Julio Cortázar en «Viajes». En los siguientes cuadros, describe el comportamiento de cada uno de estos personajes cuando viajan.

Los famas	Los cronopios	Las esperanzas
averiguan el precio del hotel		

D. Contesta las siguientes preguntas con oraciones completas.

1. ¿Qué diferencias de comportamiento hay entre los chicos y las chicas? Explica a qué se atribuyen dos de estas diferencias.

_____

_____

_____

_____

2. ¿Crees que son fiables los tests de personalidad? ¿Por qué?

_____

_____

_____

_____

3. ¿Qué tipo de personalidad te gustaría crear? ¿Cómo se caracterizaría?

_____

_____

_____

_____

_____

Nuevas vistas Curso de introducción

Vocabulario

Yo soy, tú eres, él es... y Viajes

Vocabulario en contexto

A. Completa este crucigrama usando las pistas dadas.

Horizontal

1. Prudente, sensato, que actúa con discreción: _____

7. Añadir: _____

8. Emprender, ponerse a hacer algo: _____

9. Inteligente, hábil: _____

10. Risa ruidosa: _____

Vertical

2. Vuelto hacia el interior, hacia uno mismo: _____

3. Placer, gusto: _____

4. Procedimiento, trámite, formalidad burocrática: _____

5. Antojo, gusto, deseo: _____

6. Innovación, cambio: _____

B. Completa las oraciones con la palabra que falte. Cambia la forma de la palabra si es necesario.

> fuerza de voluntad   discreto
> pernoctar   desempeñar

1. Los médicos necesitan una serie de cualidades personales o actitudes que los ayudan a _____ mejor su trabajo.

2. Es precisa mucha _____ para completar la larga formación que se requiere para ser médico.

3. También es necesaria bastante resistencia física, pues muchas veces tienen que trabajar muchas horas y _____ en el hospital.

4. Un médico debe ser muy _____ sobre las enfermedades de sus pacientes y su situación.

Vocabulario

Yo soy, tú eres, él es... y Viajes

C. Contesta las siguientes preguntas con oraciones completas.

1. ¿Por qué es negativo hablar <u>a las espaldas de alguien</u>?

_____

_____

2. ¿Para qué tareas o cosas crees que es necesaria mucha <u>fuerza de voluntad</u>?

_____

_____

3. ¿Crees que los <u>buenos modales</u> son importantes? ¿Por qué? ¿En qué ocasiones?

_____

_____

Mejora tu vocabulario

D. Escoge el sinónimo de la palabra en negrilla.

1. autosuficiente

a. independiente **b.** egoísta **c.** alegre

2. discreto

a. escandaloso **b.** tímido **c.** prudente

3. ingenioso

a. hábil **b.** divertido **c.** aburrido

4. introspectivo

a. amable **b.** introvertido **c.** abierto

5. ostentoso

a. trivial **b.** modesto **c.** llamativo

6. pragmático

a. serio **b.** práctico **c.** fantasioso

E. Ahora completa estas oraciones con palabras de la actividad anterior.

1. Ser _____ con las riquezas normalmente es signo de pobreza cultural.

2. Una persona _____ sabe guardar silencio cuando es necesario.

3. Ser _____ es bueno, pero no podemos olvidarnos de soñar.

Gramática

Yo soy, tú eres, él es... y Viajes

El modo indicativo

A. Completa el párrafo con el presente de indicativo de los verbos dados.

Verbos: hacer, volver, saber, pensar, dar, empezar, escribir, ser, recordar, querer, ir

> Querido Miguel:
>
> Te **1.** _____ desde Barcelona. Mi vida **2.** _____ a la
>
> normalidad después de tantas vacaciones. El lunes próximo **3.** _____ las
>
> clases en el instituto. No **4.** _____ todavía qué profesores voy a tener este
>
> año, pero **5.** _____ que serán bastante buenos. Creo que este semestre la
>
> señora Montalvo nos **6.** _____ física y química.
>
> **7.** ¿ _____ quién es ella? Por cierto, **8.** si _____ , te envío
>
> las fotos del verano. Todavía **9.** _____ muy buen tiempo y los fines de semana
>
> **10.** _____ a la playa, como buenos amigos del sol
>
> que **11.** _____ .
>
> Escríbeme pronto.
>
> Besos,
>
> Alejandra

B. Combina los elementos para formar oraciones completas.

1. los sábados / (yo) / ir / con Manuel y Paula / a patinar

_____

2. si / (tú) / tener/ frío / (tú) poder usar / una manta del armario

_____

3. todavía / (nosotros) / no saber / si este verano / (nosotros) ir a visitar / a nuestra familia
a Colombia

_____

4. ¿qué / (ustedes) / pensar / hacer / toda la tarde?

_____

5. el avión / llegar / a Bogotá / a las 9 de la mañana

_____

Gramática

Yo soy, tú eres, él es... y Viajes

Ser, estar y gustar

C. Completa las oraciones sobre «Viajes» con **ser** o **estar**.

1. Los famas (están/son) en la plaza danzando la "Alegría de los Famas".

2. Los cronopios (están/son) muy tranquilos y viven la vida tal y como les viene.

3. Los famas (están/son) esa clase de personas que siempre organiza y planifica.

4. Creo que mi hermano y yo (somos/estamos) muy diferentes: él (es/está) más cronopio y yo (estoy/soy) más fama.

5. Las esperanzas siempre (son/están) en el mismo lugar: (son/están) como estatuas.

6. La ventaja de (ser/estar) un cronopio es que siempre (estás/eres) contento.

D. Completa las oraciones usando el verbo en presente que sea más adecuado. Algunas oraciones tienen más de una posible respuesta.

Verbos: ser, interesar, gustar, estar, sorprender, fascinar, encantar

MODELO Mi padre es fanático del fútbol.

A él le **encanta** el fútbol.

1. Tomás es aficionado a la música clásica.

A él _____ la música clásica.

2. Me interesa el arte indígena mexicano.

_____ interesado por el arte indígena mexicano.

3. Estoy sorprendida de las posibilidades que ofrece Internet.

_____ las posibilidades que ofrece Internet.

4. A mis padres les encanta la comida y la cultura japonesa en general.

_____ grandes aficionados a la comida japonesa y la cultura japonesa

en general.

5. ¿Eres fanático del submarinismo?

¿_____ el submarinismo?

Gramática

Yo soy, tú eres, él es... y Viajes

El adjetivo

E. Lee el texto en negrilla y completa las siguientes oraciones con el adjetivo demostrativo o posesivo que corresponda según su género y número.

ADJETIVOS: mi(s), tu(s), su(s), etc.,

este(os), esta(s)

La gran diferencia con Estados Unidos es que en España las personas tienen dos apellidos.

1. _____ texto se refiere a los nombres y apellidos en España.

2. Los españoles tienen un nombre y dos apellidos. _____ apellidos corresponden con el primer apellido de cada uno de sus padres.

3. Por ejemplo, si _____ nombre es Teresa Palacios Corbalán, Palacios es el primer apellido de _____ papá y Corbalán el primero de _____ mamá.

4. Otro dato es que la mujer cuando se casa no pierde _____ apellido.

5. Las mujeres, en _____ trabajos y en todos los asuntos burocráticos, usan _____ propio apellido.

6. Muchos apellidos comunes terminan en "ez": González, Fernández, Jiménez... _____ apellidos significan "hijo de Gonzalo, hijo de Fernando, hijo de Jimeno..."

7. En _____ país cada vez son más las mujeres que no usan el apellido de _____ marido.

F. Contesta las siguientes preguntas con oraciones completas.

1. ¿Cuál es tu cantante favorito? ¿Y tu película o libro favorito? ¿Por qué?

   _____

2. ¿Cuáles crees que son sus responsabilidades como estudiantes?

   _____

3. ¿Has conocido o tenido alguna vez un gran perro? Descríbelo.

   _____

4. ¿Crees que tu escuela es una buena escuela? ¿Por qué?

   _____

5. ¿Conoces a algún viejo amigo de tu mamá o de tu papá? Cuenta cómo es y por qué es un viejo amigo de la familia.

   _____

Ortografía

Yo soy, tú eres, él es... y Viajes

Acentuación

A. Pronuncia las siguientes palabras en voz alta. Luego escribe las palabras al lado separando las sílabas con guiones.

1. observaciones _____
2. copia _____
3. pernoctar _____
4. hospital _____
5. gritos _____

6. estatuas _____
7. ciudad _____
8. esperanzas _____
9. creen _____
10. alegría _____

B. Subraya la sílaba tónica de estas palabras y escribe al lado si son agudas o llanas.

1. convencional _____
2. convicción _____
3. activo _____
4. rutina _____

5. superficialidad _____
6. curioso _____
7. voluntad _____
8. volumen _____

C. Lee en voz alta este texto y subraya las sílabas tónicas de cada palabra. Luego escoge seis palabras agudas y seis palabras llanas y escríbelas a continuación.

Los tests de personalidad son una herramienta para descubrir cosas acerca de nosotros mismos, pero nunca debemos creer en ellos ciegamente. A veces es más importante lo que nos hacen pensar y reflexionar que el resultado final. Todos somos demasiado complejos, ricos y profundos para ser encasillados en una categoría.

Agudas:

_____

_____

Llanas:

_____

_____

...Y así nos distraemos

Comprensión del texto

A. Indica si las siguientes oraciones son **a) ciertas** o **b) falsas** de acuerdo con la lectura de «...Y así nos distraemos».

_____ **1.** Los jóvenes dedican casi un 50% de su tiempo a actividades que no tienen que ver con el trabajo, el estudio o el descanso.

_____ **2.** Cuanto más alto es el nivel de estudios de una persona, más horas suele pasarse frente al televisor.

_____ **3.** La inmensa mayoría de chicas no dedican mucho tiempo a los videojuegos.

_____ **4.** Los jóvenes no invierten mucho tiempo en actividades culturales como la lectura o alguna actividad artística.

_____ **5.** Los únicos responsables de cómo los jóvenes disponen y usan su tiempo libre son los propios jóvenes.

B. Completa las siguientes oraciones con la palabra que corresponda según «...Y así nos distraemos». Cambia la forma de la palabra si es necesario.

Palabras para escoger		
mercado	pasiva	espíritu de equipo
entretenimiento	conllevar	formación

1. La televisión está influyendo de manera decisiva en la _____ de los jóvenes y en sus estados de ánimo.

2. Internet nos abre un mundo de conocimientos sin movernos de casa, pero también _____ el riesgo de acceder a información agresiva.

3. Los jóvenes son el _____ más importante de CD y audiocasetes.

4. El cine es el _____ más costoso.

5. A través de la práctica del deporte se pueden desarrollar valores muy importantes como el _____.

6. La mayoría del tiempo libre de los jóvenes se invierte en actividades _____.

Lectura

...Y así nos distraemos

Análisis del texto

C. En la lectura «...Y así nos distraemos» se habla de distintos tipos de actividades que se pueden realizar en el tiempo libre. Completa este cuadro con todas las actividades que se mencionan y agrúpalas en categorías. Fíjate en el ejemplo.

Actividades de tiempo libre			
1. Esparcimiento electrónico	2._____	3. Físicas	4._____
ver la televisión			lectura

D. Contesta las siguientes preguntas sobre «...Y así nos distraemos».

1. En tu opinión ¿cuál es el punto de vista del autor en este texto? ¿Crees que es neutral? Explica.

_____

_____

2. ¿A quién crees que va dirigido este texto y cuál es su finalidad?

_____

_____

3. ¿Cuál crees que es la función de las estadísticas que aparecen en este texto?

_____

_____

Vocabulario

...Y así nos distraemos

Vocabulario en contexto

A. Busca la definición que corresponda a cada una de las palabras.

_____ 1. concepto

_____ 2. masivo

_____ 3. incrementarse

_____ 4. temática

_____ 5. invertir

_____ 6. remunerado

a. que llega a grandes cantidades de personas

b. asuntos, tópicos

c. idea, pensamiento

d. ocupar o hacer uso de alguna cosa en algo

e. pagado, retribuido

f. aumentar, crecer

B. Completa las siguientes oraciones con el sinónimo del cuadro que mejor corresponda a las palabras subrayadas. Cambia la forma de la palabra si es necesario.

descender	carente de	imprescindible	ocupar	conversar
riesgo	en detrimento de	remunerado	vivencias	espectador

_____ 1. Algunas actividades deportivas como el esquí o la escalada conllevan cierto <u>peligro</u>.

_____ 2. Los conciertos de rock reúnen a <u>un público</u> de todas las edades.

_____ 3. Los jóvenes dedican demasiado tiempo a ver la televisión <u>a costa del</u> estudio.

_____ 4. Pasar tiempo con la familia y <u>hablar</u> con los amigos no es tiempo perdido.

_____ 5. Los videojuegos no gustan a veces, porque se los considera <u>sin</u> emoción.

_____ 6. El promedio de lectura <u>disminuye</u> notablemente entre los jóvenes.

_____ 7. Hay trabajos que no son <u>pagados</u> pero son muy importantes, por ejemplo, limpiar y cocinar.

_____ 8. Hacer alguna actividad física, aunque sólo sea ir a pasear, es <u>absolutamente necesario</u> para disfrutar de buena salud.

_____ 9. La cultura debería <u>tener</u> un lugar importante en nuestro tiempo libre.

_____ 10. Compartir las <u>experiencias de la vida</u> con la familia y los amigos nos enseña a valorar las cosas importantes.

COLECCIÓN I • VOCABULARIO

Vocabulario

...Y así nos distraemos

C. Contesta las siguientes preguntas con oraciones completas.

1. ¿Cómo crees que <u>los medios de comunicación</u> nos influyen?

_____

_____

2. ¿De qué manera se puede expresar <u>reconocimiento</u> por otra persona?

_____

_____

3. ¿Cómo se expresa <u>la creatividad</u> de una persona?

_____

_____

Mejora tu vocabulario

D. Escribe el antónimo de estas palabras.

1. descender: _____

2. incrementarse: _____

3. masivo: _____

4. innecesario: _____

5. alabanza: _____

E. Escribe cinco oraciones usando cinco palabras del ejercicio anterior.

_____

_____

_____

_____

_____

_____

_____

_____

Gramática

...Y así nos distraemos

El presente progresivo

A. Completa el siguiente mensaje electrónico con el presente o el presente progresivo del verbo en paréntesis.

| Redactar | Borrar | Elija carpeta | Reenviar | Responder | Responder a todos | Internet |

Querido Sergio:

¿Cómo estás? ¿Qué estás haciendo? Aquí es de noche y mientras te escribo,

1. _____ (escuchar) música. **2.** _____ (ser) bastante

tarde y todos **3.** _____ (dormir) en casa, pero ya sabes que a mí me

4. _____ (encantar) escribir y leer hasta tarde. Estos días

5. _____ (leer) una novela que me **6.** _____ (gustar)

mucho; **7.** _____ (llamarse) *La trampa*. ¿La **8.** _____

(conocer)? Te la recomiendo. **9.** _____ (pensar) en ir a verte, ¿qué te

parece?

Te extraño.

Un beso,

Eva

B. Combina los elementos para formar oraciones completas. Usa el presente o el presente progresivo.

1. en la actualidad / (nosotros) / ver / el aumento / de problemas ecológicos

_____

2. esta tarde / (yo) / no poder salir / porque / escribir / un ensayo sobre poesía

_____

3. ahora / (ustedes) / no poder entrar / al auditorio / porque / los músicos / ya / tocar

_____

4. estos días / subir / el precio de la gasolina

_____

Gramática

COLECCIÓN I • GRAMÁTICA

El presente perfecto

C. Completa las siguientes oraciones con el presente perfecto de los verbos dados.

Verbos: haber, disminuir, aumentar, observar, determinar, escribir

1. Se _____ mucho sobre las costumbres de los jóvenes en los últimos años.

2. Creo que últimamente _____ grandes cambios, sobre todo en

nuestras aficiones.

3. _____ considerablemente el tiempo que pasamos delante del televisor.

4. En cambio, _____ el tiempo que estamos delante de la pantalla

de la computadora.

5. Pero también (yo) _____ que ahora escribimos más que hace unos años:

correos electrónicos y trabajos para la escuela en la computadora.

6. Los expertos en estadística _____ que los jóvenes son uno de los mayores

consumidores de ropa.

D. Completa las siguientes oraciones con la forma del verbo que corresponda según
el contexto.

1. La lectura nunca (ha ocupado/ocupa) el primer lugar dentro de las preferencias

de la gente.

2. De todas maneras, los índices de lectura (han experimentado/experimentan) un

aumento espectacular en los últimos años.

3. Cada año (crece/ha crecido) el número de libros que se publican.

4. En la actualidad (hay/ha habido) más librerías, bibliotecas y libros a disposición de la

gente que hace unos años.

5. Nadie duda que las campañas que se han realizado en fomento de la lectura

(son/han sido) de gran ayuda.

6. Por eso, podemos decir que la lectura (goza/ha gozado) de buena salud.

Gramática

...Y así nos distraemos

Los comparativos

E. Para cada tema establece comparaciones usando los comparativos dados. Haz los cambios que sean necesarios.

más que	tan como	mejor que
menos que	tanto como	peor que

MODELO la televisión / Internet

La televisión es **más** pasiva **que** Internet.

1. el deporte / el arte _____

2. la ciudad / el campo _____

3. chatear / conversar _____

4. la familia / los amigos _____

5. el tiempo libre / el estudio _____

6. rock / rap _____

F. Completa el párrafo con la forma superlativa o comparativa que corresponda según el contexto.

Sin duda, el cambio de humor constante es una de **1.** (más/las más) importantes

características de la juventud. Para los adolescentes, mostrarse autosuficientes es

2. (tan/muy) común como mantenerse en una actitud introspectiva. Algunos consideran

que ser ingeniosos es **3.** (mejor/la mejor) manera de llamar la atención. Para otros, ser

del agrado de los demás es **4.** (menos/lo menos) importante. En general, reconocen no

ser demasiado pragmáticos, pero no lo consideran **5.** (peor/el peor) de los defectos. La

preferencia por lo nuevo es **6.** (mayor/el mayor) que el peso de lo aprendido, aunque

muchos valoran **7.** (mucho/tanto) las costumbres como las modas.

En los grupos de adolescentes pueden escucharse carcajadas y charlas en voz baja. En

ambos casos, una noticia de **8.** (menor/la menor) insignificancia puede hacerles descubrir

un mundo de perdurables vivencias.

COLECCIÓN I • CULTURA

Cultura y comparaciones

• •

Ritmo y folclor del mundo hispano

A. Indica si las siguientes oraciones son **a) ciertas** o **b) falsas.**

_____ **1.** El canto, las guitarras y el taconeo son elementos que definen el flamenco.

_____ **2.** La letra de los tangos refleja la vida y las preocupaciones del hombre corriente.

_____ **3.** La salsa es una combinación de ritmos africanos y caribeños que se originó en la ciudad de Nueva York.

_____ **4.** El folclor de los países latinoamericanos tiene orígenes e influencias diversas: hay influencias europeas pero también africanas e indígenas.

_____ **5.** El merengue es un baile muy solemne y con pasos muy complicados.

B. Explica brevemente la importancia de esta música o estas ciudades o personas en relación con el folclor del mundo hispano.

1. los gitanos _____

2. Buenos Aires _____

3. los mariachis _____

4. Nueva York _____

5. República Dominicana _____

C. Contesta las siguientes preguntas.

1. ¿Cuál es el origen del tango y en qué se diferencia de los otros ritmos latinoamericanos?

_____

_____

2. Compara la información que tienes sobre el flamenco y la cueca. ¿Encuentras algún elemento en común?

_____

_____

Ortografía

...Y así nos distraemos

Letra y sonido

A. Completa las palabras con **h** cuando sea necesario.

1. ___ormiga	5. ___indígena	9. ___allamos
2. ___uevo	6. ___ielo	10. ___istoria
3. ___ermita	7. ___acer	11. ___ella
4. ___ospital	8. ___abía	12. ___ueso

B. Completa las oraciones con **y** o **ll**.

1. He olvidado las ___aves dentro de casa.

2. Tenemos que ha___ar el mapa que nos lleve hasta el tesoro.

3. Están constru___endo una casa enorme delante de la nuestra.

4. El motor de in___ección es muy potente.

5. Aque___o que te dije ayer no tiene importancia.

6. Traza una ra___a que divida la hoja en dos partes.

C. Busca la definición que corresponda a cada una de las palabras.

_____ 1. ha	**a.**	palabra que expresa dolor, susto o sobresalto
_____ 2. ¡ay!	**b.**	primera persona singular del verbo haber, sirve como verbo auxiliar
_____ 3. ola	**c.**	pasar las hojas de un periódico o revista
_____ 4. hasta	**d.**	palabra que se usa para saludar
_____ 5. hojear	**e.**	del verbo haber. Indica presencia de algo o alguien.
_____ 6. hay	**f.**	dirigir la vista hacia algún sitio
_____ 7. a	**g.**	cuerno
_____ 8. hola	**h.**	preposición
_____ 9. asta	**i.**	preposición que indica límite de tiempo o espacio
_____10. ojear	**j.**	movimiento que hace el mar

Taller del escritor

La correspondencia formal e informal

Vas a escribir una carta de presentación para incluir con tu solicitud de entrada en la universidad. En el primer párrafo preséntate y explica el propósito de tu carta. Menciona tus aspiraciones académicas y explica cómo concuerdan con el programa que se ofrece en dicha universidad. En el segundo párrafo reitera tu interés en la universidad, haciendo énfasis en lo que ésta te puede ofrecer y en tus propios méritos. Luego indica dónde te pueden contactar y despídete agradeciendo la atención prestada. Luego transforma el texto en una correspondencia más informal, dirigida a una persona conocida. ¿Qué partes le cambiarías a la carta?

¡Ojo!

Ten en cuenta las fórmulas para el saludo y la despedida que hacen formal o informal la correspondencia. Para una correspondencia formal recuerda incluir el nombre completo del destinatario, su cargo, el lugar donde trabaja y su dirección en la parte superior de la carta, antes del saludo. Al acabar la carta, fírmala y no te olvides de incluir tu propia dirección.

COLECCIÓN 2

La niñez

El nacimiento • Carmen Kurtz

Comprensión del texto

A. Escribe en los espacios en blanco el personaje de «El nacimiento» que corresponda a cada una de las descripciones.

> **Personajes:** Natacha, la abuela, Alberto, el médico, Quique, el padre

_____ **1.** Era un bárbaro, me había pegado cuando nací y luego me pasó a otras manos.

_____ **2.** Tenía la cara redonda, algo achinada y llevaba gafas. Me sonreía y hablaba en voz queda.

_____ **3.** Tenía los ojos azules y me miró sin el menor cariño.

_____ **4.** Me pareció un hombre bien parecido, algo viejo y con canas, y muy torpe.

_____ **5.** Mi hermano pequeño me contemplaba con una sonrisa de oreja a oreja.

_____ **6.** Tenía dieciséis años y me miraba entre sorprendido y contento.

B. Primero completa las oraciones con la palabra que falte. Cambia la forma de la palabra si es necesario. Luego numera las oraciones de 1 a 6 en el orden en que ocurrieron en «El nacimiento».

> **Palabras:** deducir, murmurar, asear, recién nacido, absurdo, acabar de

_____ **a.** La abuela _____ algo que en ese momento Veva no comprendió del todo.

_____ **b.** Veva _____ nacer y nos describe los primeros momentos de su vida.

_____ **c.** La llevaron a una sala muy espaciosa con otros _____.

_____ **d.** Poco después vio tres caras pegadas al cristal y _____ que eran sus hermanos.

_____ **e.** Las manos de la enfermera la _____ y hasta le limpiaron la boca.

_____ **f.** La colocaron en una _____ posición boca abajo.

Lectura   El nacimiento

Análisis del texto

C. Piensa en la caracterización de los siguientes personajes. En los óvalos escribe
oraciones para describir a cada uno de ellos.

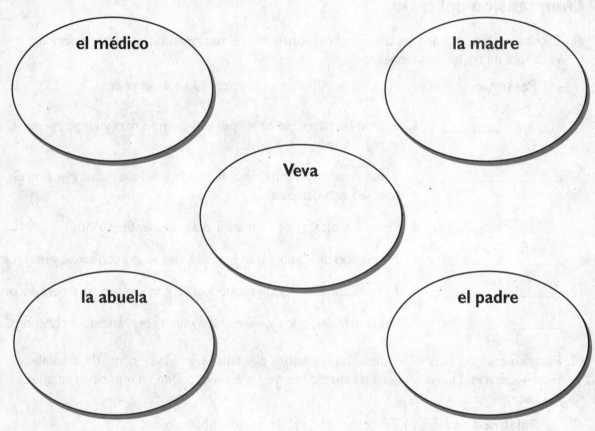

el médico

la madre

Veva

la abuela

el padre

D. Contesta las siguientes preguntas con oraciones completas.

1. ¿En qué se diferencia el relato del nacimiento de Veva del de otros niños?

_____

_____

_____

2. ¿Qué opinas sobre el hecho de que un bebé recién nacido pueda recordar los primeros
momentos de su vida? ¿Cuáles son tus primeros recuerdos?

_____

_____

_____

Vocabulario

El nacimiento

Vocabulario en contexto

A. Busca la definición que corresponda a cada una de las palabras.

_____ 1. empeño

_____ 2. ahogar

_____ 3. no cansarse de

_____ 4. apurarse

_____ 5. salpicadura

_____ 6. estallar

a. gotas de líquido que han saltado

b. dejar sin respiración

c. explotar

d. no querer dejar de hacer algo

e. esfuerzo

f. preocuparse

B. Escribe en los espacios en blanco el antónimo del cuadro que mejor corresponda a las palabras subrayadas. Cambia la forma de la palabra si es necesario.

e incluso	torpe	ocuparse	ponerse a	murmurar
mayores	boca abajo	pegado	nacimiento	

_____ 1. Me coloqué <u>boca arriba</u> para no ver la luz del sol.

_____ 2. Los <u>pequeños</u> tienen la obligación de educar y cuidar de los menores.

_____ 3. Se acercó a mí y me <u>gritó</u> algo que no pude entender.

_____ 4. Celebraron el día de su <u>muerte</u> en un restaurante, con toda la familia.

_____ 5. En cuanto pude, <u>me desocupé</u> de mis obligaciones y terminé la tarea.

_____ 6. Nuestras sillas estaban <u>separadas</u> y pudimos cambiar impresiones.

_____ 7. Cuando <u>terminé de</u> hablar por teléfono eran las dos de la mañana.

_____ 8. Me sentí muy <u>ágil</u> los primeros días en la clase de ritmos latinos.

_____ 9. Me miró <u>y ni siquiera</u> me saludó.

Vocabulario

C. Combina cada trío de palabras en una o dos oraciones que formen una idea.

1. por poco, salpicadura, dársele por

_____

2. no tener más remedio que, trajín, de nuevo

_____

3. darle (a alguien) miedo, proponerse, dejar caer

_____
_____

Mejora tu vocabulario

D. Usa las palabras dadas como punto de partida y completa la tabla con palabras que pertenezcan a un registro infantil o adulto, según el caso. Consulta un diccionario si es necesario.

	Niños	Adultos
1.	cuna	
2.		vaso
3.	babero	
4.		muchacho(a)
5.	cochecito	

E. Forma nuevas palabras al combinar las palabras subrayadas con los diminutivos dados. Indica cómo cambia el significado de la palabra en diminutivo.

Diminutivos: -ito(a), -illo(a), -ico(a)

MODELO El hermano se llamaba Quique. **hermanito** (hermano menor)

1. La abuela dijo que a la nueva hija no le faltaba nada. _____

2. La cuna de Veva estaba en una sala muy espaciosa. _____

3. En esa posición solamente veía una sábana blanca porque estaba boca abajo.

_____

4. A Veva le hubiera gustado volver un rato a los brazos de su madre.

_____

5. Quiso mover los ojos para saludar pero no lo hizo. _____

Gramática

El nacimiento

El pretérito

A. Completa el crucigrama con el pretérito de los verbos según las personas dadas.

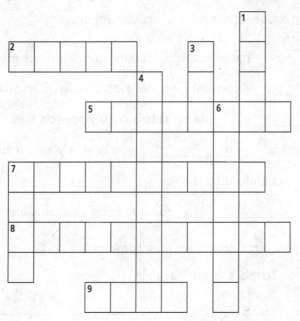

Horizontal

2. nacer (ella)

5. dormir (nosotros)

7. trabajar (tú)

8. preferir (ellos)

9. venir (yo)

Vertical

1. tener (usted)

3. ir (yo)

4. traer (ellos)

6. matar (ellos)

7. topar (yo)

B. Completa las siguientes oraciones con la forma del verbo que corresponda.

1. Todos los días (sonrió/sonríe) cuando ve a su hermano pequeño.

2. Aquel día, ella (cierra/cerró) los ojos y su corazón se llenó de alegría.

3. Su abuela (vino/viene) todas las tardes y la lleva al parque.

4. Anoche mis padres me (ven/vieron) jugar la final del colegio.

5. A mi hermano le da miedo la oscuridad cuando (está/estuvo) solo en casa.

6. Ayer (vamos/fuimos) a visitar a mi nuevo hermanito al hospital.

Gramática

El imperfecto

C. Completa las siguientes oraciones con el imperfecto de los verbos dados.

Verbos: sentir, llorar, asear, darse cuenta, acabar de, mover

1. Veva _____ nacer cuando describe sus primeros momentos.

2. Ella se _____ contenta, rodeada de aquellas personas.

3. Sus ojos se _____ de un lado a otro y parecía feliz.

4. En la clínica, la enfermera _____ a la niña y a su mamá.

5. Como no sabía hablar, cuando quería algo, _____.

6. Estaba contenta y _____ de que tenía una familia estupenda.

D. Contesta las siguientes preguntas con oraciones completas.

1. ¿Cómo era la primera escuela a la que fuiste?

   _____

   _____

2. ¿Cómo era la casa de tu infancia? ¿Qué detalles recuerdas de ella?

   _____

   _____

3. ¿Cuántos años tenían tus hermanos cuando naciste? ¿Cómo eran?

   _____

   _____

4. ¿Cómo eran tus vacaciones cuando eras niño(a)? ¿Adónde acostumbrabas a ir con tu familia?

   _____

   _____

Gramática

El nacimiento

Los pronombres del nombre

E. Escoge la frase de la segunda columna que mejor complete cada frase de la primera columna.

_____ **1.** Quise a mi madre en cuanto la vi. Es decir, ...

_____ **2.** La niña miró a sus hermanos, luego...

_____ **3.** Mis abuelos eran muy cariñosos con nosotros. Venían...

_____ **4.** Me gustaría ver a mis primos esta tarde, pero...

_____ **5.** Luego la abuela pasó la niña a la mamá. Por supuesto, ...

_____ **6.** Después de un ratito la abuela le dijo algo a la niña. La señora...

_____ **7.** Mi hijita tiene el pelo negro. Ella...

_____ **8.** El padre se apuró con el trajín del nacimiento. Él...

a. todos los domingos a vernos y nos traían bombones.

b. le pidió a la enfermera que cuidara de la mamá y de la niña.

c. se la dio con mucho cuidado, y la mamá le dio un beso.

d. les sonrió y cerró los ojos.

e. se emocionó al ver cómo Veva le sonreía.

f. la quise desde el primer momento.

g. hoy no puedo visitarlos porque tengo que trabajar.

h. lo tiene como su papá.

F. La semana pasada fuiste a una fiesta de cumpleaños de un(a) amigo(a) de la escuela primaria que hacía tiempo que no veías. Escribe un párrafo en el pasado contándole a otro amigo(a) todo lo que pasó: qué hiciste en la fiesta, cómo fue la celebración, quiénes fueron, etc. Usa el pretérito, el imperfecto y los pronombres del nombre, y por lo menos siete de las palabras dadas.

Palabras para escoger		
la semana pasada	haber	decir
ir	no	al fin y al cabo
estar	llevar	alegrarse
cuando	ser	
hacer mucho tiempo que	encontrar	

_____

_____

_____

_____

_____

Ortografía .... El nacimiento

Acentuación

A. Pronuncia las siguientes palabras en voz alta e identifica cuáles son llanas y cuáles son agudas. Si la palabra es llana, escribe **LL.** Si es aguda, escribe **A.**

1. comprendí _____

2. gordo _____

3. murmurar _____

4. difícil _____

5. Alberto _____

B. Completa las oraciones con la palabra correcta.

1. No (entro/entró) en esa habitación porque me da miedo.

2. La enfermera (pegó/pego) un grito.

3. Cuando (miró/miro) el cristal veo a mis hermanos.

4. Mi padre me (pasó/paso) rápidamente a la Buela.

5. Todos los días (tomo/tomó) el alimento que me da la enfermera.

6. Veva (grito/gritó) porque tenía miedo.

C. Marca la tilde en las palabras cuando sea necesario.

1. Me senti en la obligacion de ayudar a mi mama.

2. Cerre los ojos y mi corazon se lleno de alegria.

3. Despues supe que era la madre de mi mama.

4. Me parecio que papa era un hombre bien parecido.

5. Me coloco en una posicion absurda.

6. Abrio la puerta de aquella habitacion blanca y desangelada.

7. Natacha y yo quiza podamos ser buenas amigas.

8. Pero necesitara tiempo para hacerse cargo de mi situacion.

Nuevas vistas Curso de introducción

Los juegos de Lilus • Elena Poniatowska

Comprensión del texto

A. Indica si las siguientes oraciones son **a) ciertas** o **b) falsas** de acuerdo con la lectura de «Los juegos de Lilus».

_____ **1.** A Lilus le gusta mucho jugar en su cuarto.

_____ **2.** Lleva su primer diente metido en una bolsita.

_____ **3.** No le interesa observar los pájaros del rancho.

_____ **4.** Guarda un trébol de cuatro hojas bajo su almohada.

_____ **5.** Les da jarabe a las hormigas para curar sus enfermedades.

B. Busca la definición que corresponda a cada una de las palabras.

_____ **1.** rareza   **a.** delgado, estrecho

_____ **2.** acera   **b.** fascinado

_____ **3.** echar a perder   **c.** poco a poco

_____ **4.** fino   **d.** acción poco frecuente

_____ **5.** absorto   **e.** parte de la calle por donde se camina

_____ **6.** paso a paso   **f.** estropear

C. Primero completa las oraciones con la palabra que falte. Cambia la forma de la palabra si es necesario. Luego numera las oraciones de 1 a 6 en el orden en que ocurrieron en «Los juegos de Lilus».

amargado	juguete	atender
envolver	ponerle una inyección	espantoso dolor

_____ **a.** Don Plátano era el paciente menos resistente, y se sentía _____ por la vida.

_____ **b.** Un día compró una jeringa para _____ a Miss Lemon.

_____ **c.** Miss Lemon era un limón verde que sufría _____ abdominales.

_____ **d.** Otros pacientes que Lilus _____ eran la señora Naranja y Eva La Manzana.

_____ **e.** Lilus _____ a Miss Lemon con un pañuelo de su madre.

_____ **f.** Los _____ de Lilus eran insectos y frutas que trataba como pacientes enfermos.

Lectura .... Los juegos de Lilus

Análisis del texto

D. En los tres primeros cuadros dibuja a la protagonista. Escribe una leyenda para cada dibujo relacionada con las características de Lilus según la lectura. Luego, en el cuarto cuadro, dibuja a la protagonista y escribe una leyenda que la caracterice según tus propias ideas.

Le gusta jugar...

_____

_____

_____

E. Contesta las siguientes preguntas con oraciónes completas.

1. ¿Cuáles son las preferencias y los gustos de Lilus?

_____

_____

_____

_____

2. ¿Crees que los juegos de Lilus se parecen a los de los niños de hoy en día?

_____

_____

_____

_____

Vocabulario

Los juegos de Lilus

Vocabulario en contexto

A. Busca la definición que corresponda a cada una de las palabras.

_____ 1. apurado   **a.** delgado

_____ 2. salvar   **b.** con prisa

_____ 3. coser   **c.** horrible, terrible

_____ 4. flaco   **d.** sensación molesta

_____ 5. espantoso   **e.** unir algo con hilo y aguja

_____ 6. dolor   **f.** sacar de un peligro

B. Completa las siguientes oraciones con la palabra que corresponda según el contexto. Conjuga los verbos en el pasado.

    Palabras: meter, amargado, paso a paso, separadas, poner una inyección, jarabe

1. Lilus _____ en la bolsita hierbas finas y muchas otras cosas.

2. Seguía _____ y con gran interés los movimientos de los pájaros.

3. Para curar la tos a las hormigas, les daba _____.

4. Un día le _____ de café negro a un limón verde.

5. Don Plátano estaba _____ porque estaba enfermo.

6. Lilus tenía un problema con sus piernas porque estaban muy _____.

C. Escribe en los espacios en blanco el sinónimo del cuadro que mejor corresponda a las palabras subrayadas. Cambia la forma de la palabra si es necesario.

ensayo	absorto	la muerte
ver acontecer	el grito	publicar

_____ 1. Todos sus amigos quedaron <u>atraídos</u> al enterarse de sus logros profesionales.

_____ 2. José Colombo llegó a <u>editar</u> más de cien novelas en una década.

_____ 3. También se destacó en la ensayística. Son muy famosos sus <u>artículos</u> filosóficos sobre la identidad de su país y <u>el fin</u> de las culturas y las civilizaciones.

_____ 4. Con ojo crítico <u>presenció</u> los eventos más salientes de su época.

_____ 5. Escuchó con atención <u>las voces</u> de reclamos de los grupos minoritarios, sin desatender los intereses de la clase adinerada.

Vocabulario

D. Contesta las siguientes preguntas con oraciones completas.

1. ¿Qué función cumplen los <u>juguetes</u> en la vida de los niños? De niño(a), ¿cuáles eran tus juguetes preferidos? Explica por qué te gustaban.

_____

_____

2. Los hábitos de los niños pueden resultar <u>rarezas</u> para los adultos. ¿Por qué? ¿Recuerdas alguna <u>rareza</u> que hacías de niño(a)?

_____

_____

_____

Mejora tu vocabulario

E. Usa las palabras dadas como punto de partida y completa la tabla con palabras que pertenezcan a registros diferentes. Consulta un diccionario si es necesario.

	Registro formal	**Registro informal**
1.	fractura	hueso roto
2.	dolor	_____
3.	_____	muerto
4.	_____	bulto
5.	intervenir	_____

F. Escoge cinco palabras del ejercicio anterior y escribe un párrafo breve usando un registro formal o informal.

_____

_____

_____

_____

_____

Gramática

Los juegos de Lilus

El pretérito y el imperfecto en contexto

A. Presta atención al uso del pretérito y el imperfecto en el siguiente diálogo. Subraya los verbos en imperfecto y marca los verbos en pretérito con un óvalo.

> **MODELO** Lilus iba al rancho de su tío y un día allí encontró sus propios juguetes.

1. —Cuando era pequeña se pasaba horas enteras mirando los nidos de los pájaros.

2. —¿No jugaba con las muñecas?

3. —Le gustaban más los animales y las plantas. Un día guardó en un calcetín muchos insectos.

4. —¿Y qué hizo luego con ellos?

5. —Les curó sus enfermedades. A una hormiga le dio a beber jarabe y a otra le enyesó una pierna rota.

B. Completa el mensaje electrónico con el pretérito o el imperfecto del verbo en paréntesis según el contexto.

Querida mamá:

Ayer **1.** _____ (divertirse) mucho con las frutas que

2. _____ (recoger) en el rancho. **3.** _____ (Encontrar)

un limón verde que **4.** _____ (sufrir) espantosos dolores, le

5. _____ (poner) una inyección para curarlo y luego lo

6. _____ (envolver) con tu pañuelo. Como no **7.** _____

(tener) jeringa ni aguja, las **8.** _____ (comprar) en la farmacia.

También **9.** _____ (curar) a un plátano que **10.** _____

(estar) muy enfermo y **11.** _____ (padecer) gota.

Un beso.

Lilus

Gramática

Los juegos de Lilus

El pasado continuo

C. Completa el párrafo con el pretérito o el pasado continuo de los verbos dados.

Verbos: ofrecer, recibir, llover, interesar, escribir, felicitar, leer, pedir

Ayer no fue un buen día. **1.** _____ sin parar. Yo **2.** _____ una revista en mi habitación cuando **3.** _____ una llamada de Federico. Él me **4.** _____ por haber ganado el premio de cuentos infantiles y también me **5.** _____ ayuda para un ensayo que **6.** _____ para el periódico de la escuela: "¿Estamos dando un trato justo a los animales?". Me **7.** _____ mucho el tema y me **8.** _____ enseguida para participar en su proyecto.

D. Combina los elementos para formar oraciones completas. Usa el imperfecto, el pretérito y el pasado continuo según las reglas que se han presentado.

1. papá / cansado / y / dormirse / cuando / leer el periódico

2. cuando / sonar el teléfono / yo / ducharse / y / no oír la llamada

3. estar lloviendo mucho / cuando / (nosotros) / salir del cine

4. el doctor / atender al enfermo / y / ponerle una inyección / porque gritar

5. mientras / el profesor / explicar la lección / ellos / hablar

E. Completa el párrafo con el pretérito, imperfecto o pasado continuo de los siguientes verbos según el contexto.

Verbos: caer, cocinar, salir, responder, decir, continuar, estar, preguntar, sorprenderse, dejar, comentar

1. Violeta _____ triste porque ese día su madre no la _____ jugar con su amiga Carola.

2. Cuando su madre _____, Violeta aprovechó y le _____ por qué.

3. "No es que no quiera que juegues con tus amigas", _____ su madre.

4. Violeta _____ cuando su madre _____: "No me gusta la gente mentirosa y Carola no es una buena amiga para ti".

5. A Violeta se le _____ las lágrimas de los ojos mientras su madre _____ sus comentarios contra su amiga Carola.

6. Violeta _____ de la cocina cuando se volvió y _____: "Mamá, me gustaría decidir eso yo".

Gramática

Los juegos de Lilus

COLECCIÓN 2 · GRAMÁTICA

El pluscuamperfecto

F. Completa las siguientes oraciones con una oración en pluscuamperfecto.

Verbos: envolver en papel, poner en otro lugar, marcharse con el dinero, hacer jugo, regresar del trabajo, morir

MODELO Antes de darle el regalo a su mamá lo <u>había envuelto en papel</u>.

1. Llevaron al hombre de urgencia al hospital, pero antes de llegar...

2. Cuando la policía llegó al banco, los ladrones...

3. Eran las diez de la noche y mi papá todavía...

4. Ya no quedaban naranjas porque mi mamá...

5. No pude encontrar el libro que buscaba. Alguien...

G. Completa las siguientes oraciones con el pretérito o el pluscuamperfecto de los verbos en paréntesis según el contexto.

1. Al cumplir ocho años, _____ (descubrir) que todavía no _____ (aprender) lo suficiente en materia de mascotas.

2. Mi padre me _____ (regalar) un perro que alguien _____ (abandonar) en la calle recién nacido.

3. Aunque ya le _____ (preparar) un cesto con almohadones, al cachorro _____ (dársele por) dormir en el jardín.

4. Amargada, _____ (buscar) un juguete para regalarle, pero él ya _____ (dedicarse) a destrozar con empeño mi muñeca preferida.

5. Todavía no _____ (reponerse) del disgusto, cuando los gritos de mamá me _____ (poner) los pelos de punta.

6. Si alguna vez _____ (pensar) en ser veterinaria, ya no _____ (volver) a hacerme ilusiones al respecto.

Cultura y comparaciones

Datos históricos del mundo hispano

A. Indica si las siguientes oraciones son **a) ciertas** o **b) falsas.**

_____ 1. Las tres carabelas de Colón llegaron a la isla de Guanahaní.

_____ 2. A partir del siglo XVI comenzó la conquista del territorio americano.

_____ 3. Simón Bolívar fue el conquistador de México.

_____ 4. El período de la colonia duró hasta finales del siglo XX.

_____ 5. Muchas naciones de Hispanoamérica han pasado por épocas de inestabilidad política y económica.

B. Explica brevemente la importancia que han tenido los siguientes eventos y personas en la historia o en la política de los países hispanoamericanos.

1. Hernán Cortés _____

2. Simón Bolívar y José de San Martín _____

3. Los misioneros _____

4. Las dictaduras y los golpes de estado _____

5. Mercosur y el Pacto Andino _____

C. Contesta las siguientes preguntas.

1. ¿De qué formas crees que influyeron la independencia de Estados Unidos y la Revolución francesa en la independencia del resto de los países de América?

_____

_____

2. ¿Qué crees que tienen en común los países hispanoamericanos? ¿Cuáles son las principales diferencias entre los países de América del Norte y América del Sur?

_____

_____

_____

Nuevas vistas Curso de introducción

Ortografía

Los juegos de Lilus

Letra y sonido

A. Completa las palabras con **b** o **v.**

1. pu___licar
2. ___amos
3. a___sorto
4. Boli___ia

5. nue___o
6. cam___io
7. sal___ar
8. jara___e

9. jugá___amos
10. ___ivimos
11. ama___ilidad
12. en___ol___er

B. Completa las oraciones con **m** o **n.**

1. Lilus se se___taba en la ba___queta de la calle.

2. Con total atención se e___peñaba en operar una mosca.

3. Ella era feliz en su a___biente de frutas e insectos.

4. Pasaba horas curando a sus si___páticos animalitos.

5. A Miss Lemon la e___volvía en un pañuelo porque sufría dolores abdominales.

6. Lilus es un eje___plo de una niña poco común.

C. Busca la definición que corresponda a cada una de las palabras.

_____ 1. basto

_____ 2. vasto

_____ 3. sabia

_____ 4. savia

_____ 5. grabar

_____ 6. gravar

_____ 7. bello

_____ 8. vello

a. pelo corto y suave de algunas partes del cuerpo

b. sustancia líquida nutritiva de las plantas

c. muy grande, muy extendido, muy amplio

d. aumentar los precios o los impuestos

e. hermoso, lindo, bonito

f. que es culta, prudente, sensata; que sabe muchas cosas

g. registrar los sonidos o las imágenes; marcar, señalar

h. persona grosera, rústica, tosca

Taller del escritor

Mi diario personal

Vas a escribir una página de tu diario personal. En el primer párrafo haz una descripción de tu persona. En el segundo párrafo presenta la situación que te sucedió y al personaje o personajes de la historia. Crea el ambiente de lo que vendrá a continuación. En el tercer párrafo cuenta la anécdota o el acontecimiento. Describe la situación y los detalles del momento que fue importante para ti.

¡Ojo!

Recuerda escribir en primera persona e incluir una variedad de detalles que transmitan tus sensaciones. Un diario personal es parte de la autobiografía de una persona y también puede formar parte de un bonito relato o una novela.

COLECCIÓN 3

El mundo en que vivimos

Tecnología: Rumbo al futuro

Comprensión del texto

A. Escribe en los espacios en blanco el personaje o invento de «Tecnología: Rumbo al futuro» que mejor corresponda a cada una de las descripciones.

Personaje o invento: la computadora, "Projeto Horizonte", el aeroplano, Julio Verne, Leonardo da Vinci, Aldous Huxley

_____ **1.** Es un nuevo medio de transporte ideado por inventores brasileños: se trata de dirigibles a baja altura sostenidos por pequeñas vías.

_____ **2.** Inauguró la ciencia moderna al sentar las bases de la observación y la experiencia como medio de conocimiento.

_____ **3.** Es el invento que ha provocado un mayor cambio social en menor tiempo.

_____ **4.** Lo inventó George Cayley, considerado el padre de la aerodinámica, en 1804.

_____ **5.** Escribió *Un mundo feliz*, obra en la que describió un mundo tecnificado y en el que los seres humanos han perdido su libertad.

_____ **6.** Escritor francés que en sus libros anticipó con gran exactitud muchos inventos y descubrimientos que se realizarían en el futuro.

B. Primero completa las oraciones con la palabra que falte. Cambia la forma de la palabra si es necesario. Luego numera las oraciones de 1 a 6 en orden cronológico.

Palabras: globo, dirigible, comercial, inventar, avión, boceto

_____ **a.** Los hermanos Montgolfier lanzan un _____ de aire caliente con animales en su interior.

_____ **b.** El argentino Raúl Pateras de Pescara _____ el primer helicóptero eficiente.

_____ **c.** Von Zeppelin vuela en un _____ por primera vez.

_____ **d.** Leonardo da Vinci dibuja _____ sobre alas de animales y alas mecánicas, helicópteros y paracaídas.

_____ **e.** El primer vuelo en un _____ con motor lo realizan los hermanos Wright.

_____ **f.** En 1920 se inaugura la era de la aviación _____.

Lectura

Tecnología: Rumbo al futuro

Análisis del texto

C. Clasifica los inventos que se mencionan en «Tecnología: Rumbo al futuro» según las categorías que se presentan en el siguiente diagrama.

Inventos		
computadora	teléfono	teléfono móvil
aeroplano	automóvil	Internet
viajes turísticos al espacio	hoteles en órbita	helicóptero
televisión	submarino	navegación nocturna
fotografía a color	videocámara	globo
dirigible	cine	energía eléctrica

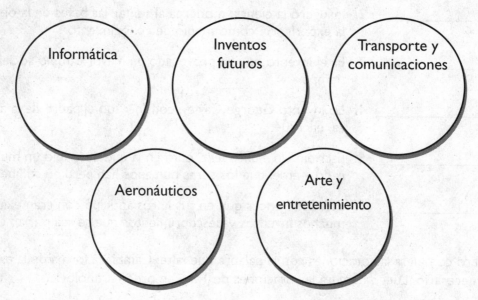

Informática   Inventos futuros   Transporte y comunicaciones

Aeronáuticos   Arte y entretenimiento

D. Contesta las siguientes preguntas sobre el impacto que la tecnología tiene en nuestras vidas.

1. ¿Qué inventos creen los jóvenes que influyen más en nuestra vida diaria? ¿Se trata de una influencia positiva o negativa?

   _____

   _____

2. ¿Cuáles son los pros y los contras de las nuevas tecnologías?

   _____

   _____

3. ¿Por qué crees que la lectura se titula «Tecnología: Rumbo al futuro»?

   _____

   _____

Vocabulario

Tecnología: Rumbo al futuro

Vocabulario en contexto

A. Completa este crucigrama.

Horizontal

2. Persona que hace algo en un campo determinado antes que los demás: _____.

7. Pedir: _____.

8. Instrumento que sirve para trabajar con una computadora: _____.

9. Robot con forma de ser humano: _____.

10. Objeto que funciona por sí solo: _____.

11. Que se repite como en círculos: _____.

12. Aparato o vehículo que se lanza al espacio: _____.

Vertical

1. Acción y efecto de lanzar algo con fuerza: _____.

3. Que no se puede contar: _____.

4. Cortado, interrumpido y dejado incompleto: _____.

5. Esquema dibujado: _____.

6. Científico que estudia todo lo relativo a las estrellas y otros cuerpos celestes: _____.

B. Completa las siguientes oraciones con la palabra que corresponda. Cambia la forma de la palabra si es necesario.

Palabras: a gran escala, mecanizarse, rebelarse, inaugurar

1. La revolución industrial _____ la época moderna.

2. A partir de ese momento la producción de bienes y productos _____.

3. Las fábricas empezaron a producir _____ muchos productos que antes se producían de manera artesanal.

4. Surgieron movimientos sociales de trabajadores que _____ contra este sistema.

Vocabulario

Tecnología: Rumbo al futuro

C. Contesta las siguientes preguntas con oraciones completas.

I. ¿Crees que los inventos de este siglo <u>están al servicio</u> del hombre o es el hombre el que está al servicio de los inventos?

_____

_____

2. ¿Qué cosas crees que <u>entorpecen</u> el rumbo a un futuro mejor?

_____

_____

3. ¿Estás de acuerdo en que los jóvenes de hoy en día vivan <u>con todo lujo de comodidades</u>? Justifica tu respuesta.

_____

_____

Mejora tu vocabulario

D. El lenguaje de la ciencia está lleno de neologismos que provienen del latín, del griego o de ambos y del inglés. Clasifica los siguientes neologismos según de dónde provengan. Consulta un diccionario si es necesario.

Neologismos: ticket, electricidad, automóvil, oleoso, motorismo, electrodoméstico, oleaginosas, pulóver, motorista, hardware, electrocutar, suéter, surf, automático, autoritario, jonrón, e-mail, motocicleta, óleo, electrificar, sándwich, oleoducto, fútbol

E. Escribe en los espacios en blanco la correspondiente palabra o frase en español de los siguientes neologismos ingleses.

I. ticket _____

2. suéter _____

3. best-seller _____

4. e-mail _____

5. sándwich _____

Gramática

El futuro

A. Completa el siguiente artículo con el verbo que corresponda.

¿Cómo será la sociedad del futuro?

Hay gente que piensa que la tecnología y los avances científicos nos

1. (conducen/conducirán) a una sociedad mecanizada, en la que las personas

2. (están/estarán) alienadas, es decir, no **3.** (tienen/tendrán) derecho ni libertad de escoger.

Otros **4.** (opinan/opinarán) que los avances científicos y técnicos son precisamente los que

5. (liberan/liberarán) al hombre: no **6.** (hay/habrá) enfermedades ni injusticias, y el hambre

7. (desaparece/desaparecerá). Todos **8.** (tenemos/tendremos) las mismas oportunidades y

los mismos derechos. En este sentido, la actitud crítica de muchos jóvenes de hoy en día

hacia las nuevas tecnologías **9.** (es/va a ser) muy constructiva pues demuestra que ellos

10. (reconocen/reconocerán) tanto los aspectos positivos como los negativos.

B. Completa las oraciones usando el futuro de los verbos subrayados y tus propias ideas.

MODELO Hoy en día los viajes turísticos espaciales no <u>son</u> asequibles, pero...

Hoy en día los viajes turísticos espaciales no son asequibles, pero lo serán en el futuro.

1. Ahora no <u>hay</u> bases habitadas en el espacio,

pero _____.

2. Todavía los médicos no <u>pueden</u> curar todas las enfermedades,

pero _____.

3. En la actualidad no <u>existen</u> ciudades submarinas,

pero _____.

4. En la actualidad <u>tenemos</u> muchos problemas de tráfico,

pero _____.

5. En el presente los estudiantes <u>asisten</u> a clases presenciales,

pero _____.

6. En la actualidad los coches <u>funcionan</u> con gasolina,

pero _____.

Gramática   Tecnología: Rumbo al futuro

El futuro perfecto y el condicional

C. Escoge la frase de la segunda columna que mejor complete cada frase de la primera columna, según el contexto.

_____ **1.** Dicen que en el año 2015, habrá más enfermedades pero también...

a. imaginar la sociedad que queremos para el futuro.

_____ **2.** Si todo va bien, dentro de 10 años, yo...

b. compraremos todas las cosas por Internet.

_____ **3.** En cuanto al turismo, se dice que en el futuro...

c. se habrán descubierto nuevas vacunas y antibióticos.

_____ **4.** Viajaría por el espacio en una nave, ...

d. aprenderán a solucionar sus conflictos sin violencia.

_____ **5.** Aunque es difícil, todos deberíamos...

e. pero eso no es posible todavía.

_____ **6.** Dentro de muy poco nadie irá al supermercado porque...

f. podrán ser controlados con una computadora.

_____ **7.** Los aparatos y suministros de la casa...

g. habrá más movilidad y la gente viajará más.

_____ **8.** En un futuro, los hombres...

h. habré terminado mis estudios y estaré trabajando.

D. Completa las siguientes oraciones con la forma del verbo que corresponda según el contexto.

1. Dentro de unos años los libros impresos (habrán desaparecido/desaparecerán) y sólo leeremos en formato digital.

2. Las clases de las escuelas (serán/habrán sido) virtuales, y los edificios de las escuelas (habrán desaparecido/desaparecerán) para el próximo siglo.

3. (Habremos tenido/Tendremos) más tiempo para aprender y desarrollar nuestras aptitudes.

4. ¿(Habrán descubierto/Descubrirán) la cura del cáncer antes de acabar este siglo?

5. Hoy en día ya no (podríamos/podremos) vivir sin computadoras, ¿no crees?

6. Sin embargo, (deberemos/deberíamos) vigilar el tiempo que pasamos usando tecnologías como Internet.

7. ¿O acaso te (gustaría/gustará) vivir encerrado todo el día con tu computadora?

8. Participa en actividades comunitarias, y (verías/verás) que (habrás tenido/tendrás) más amistades.

Gramática

Tecnología: Rumbo al futuro

Los verbos reflexivos

E. Completa el siguiente diálogo con el verbo que corresponda según el contexto.

Verbos: sentir(se), acordar(se), parecer(se), ocupar(se), llamar(se), alegrar(se)

—Abuela, **1.** ¿_____ del día en que el hombre llegó a la luna?

—Sí, claro. ¡Qué gran día! Fue el 20 de junio de 1969. **2.**_____ que fue ayer.

—¿Cómo **3.**_____ el primer astronauta que pisó la luna?

—Fue Neil Amstrong. Su nombre **4.**_____ las portadas de todos los periódicos del mundo.

—Y ustedes, ¿cómo **5.**_____ ? ¿Estaban nerviosos?

—Fue muy emocionante. Toda la familia estaba despierta mirando el televisor. ¡Nosotros

   6._____ tanto!

F. Contesta las siguientes preguntas prestando atención al uso de los verbos reflexivos y los no reflexivos.

 1. ¿Recuerdas un invento o avance tecnológico que te llamó mucho la atención cuando apareció?

   _____

   _____

 2. Tú y tus compañeros, ¿se preguntan a menudo lo que sucederá en el futuro?

   _____

   _____

 3. ¿Crees que Leonardo da Vinci se asombraría de nuestra tecnología?

   _____

   _____

 4. ¿Creen que es posible encontrar un equilibrio entre lo tradicional y lo moderno?

   _____

   _____

Ortografía

Tecnología: Rumbo al futuro

Acentuación

A. Vuelve a escribir estas palabras separando las sílabas con un guión. Luego escribe al lado si hay un diptongo o un hiato.

	por sílabas	**diptongo/hiato**
1. ciudad	_____	_____
2. tecnología	_____	_____
3. invención	_____	_____
4. estáis	_____	_____
5. creador	_____	_____
6. inventarías	_____	_____
7. vuelo	_____	_____
8. aéreo	_____	_____

B. Subraya el diptongo y el hiato en el siguiente texto y explica por qué es diptongo o hiato.

En el siglo XIX, se predijo que los combustibles serían sustituidos por procedimientos químicos y físicos. Desde entonces, el problema capital de la industria ha consistido en buscar energías que sean inagotables o se renueven con un trabajo insignificante. Ahora dependemos del petróleo, pero su caudal disminuye día a día. Es, pues, preciso utilizar el calor del sol y el calor interno del globo terrestre, así como la energía de las mareas. Hoy, más que nunca, hay fundadas esperanzas de que estas tres grandes fuentes de energía puedan explotarse ilimitadamente.

C. Marca la tilde en las palabras que la necesiten. Luego subraya todos los diptongos y marca con un círculo los hiatos que encuentres.

1. Si nuestros bisabuelos pudieran ver nuestro mundo, les pareceria ciencia ficcion.

2. Nuestra realidad ha superado con creces la fantasia de escritores como Julio Verne.

3. Nadie habia imaginado que un dia podriamos comunicarnos desde una computadora.

4. Lo que el futuro nos depara es un enigma. ¿Os atreveis a imaginarlo?

Protejamos nuestra Tierra

Comprensión del texto

A. Indica si las siguientes oraciones son **a) ciertas** o **b) falsas** de acuerdo con la lectura de «Protejamos nuestra Tierra».

_____ **1.** El efecto invernadero está causando que la temperatura ambiente suba y que los océanos aumenten de nivel.

_____ **2.** Las energías alternativas se llaman también energías limpias porque son menos contaminantes.

_____ **3.** La desertización es un fenómeno natural y no podemos hacer nada para evitarla.

_____ **4.** Sudamérica tiene una gran variedad de ecosistemas, por eso es una de las zonas más ricas del planeta en biodiversidad.

_____ **5.** La "reforestación sostenida" significa que nadie puede obtener productos o rendimientos de los bosques.

_____ **6.** Las reservas naturales son zonas geográficas protegidas donde la gente tiene prohibido su ingreso.

B. Completa las siguientes oraciones con la palabra que corresponda. Cambia la forma de la palabra si es necesario.

Palabras: preservación, degradación, legislación, combustible, proteger, eliminar

1. Existen ya coches que funcionan con baterías eléctricas y no

necesitan _____.

2. Los árboles evitan la _____ del suelo, purifican el aire y proporcionan

alimento a muchos animales.

3. Es muy importante _____ todos los riesgos de provocar un

incendio forestal.

4. La creación de parques nacionales y reservas naturales es una de las maneras de

_____ la biodiversidad.

5. La _____ del bosque autóctono es uno de los objetivos prioritarios

en Sudamérica.

6. En los últimos años se ha intentado introducir _____ para reducir

la contaminación.

COLECCIÓN 3 • LECTURA

Lectura   Protejamos nuestra Tierra

Análisis del texto

C. En el texto «Protejamos nuestra Tierra» se describen claramente los problemas medioambientales del siglo XXI. Piensa en las causas y posibles soluciones para cada uno de estos problemas y escríbelas en el cuadro correspondiente.

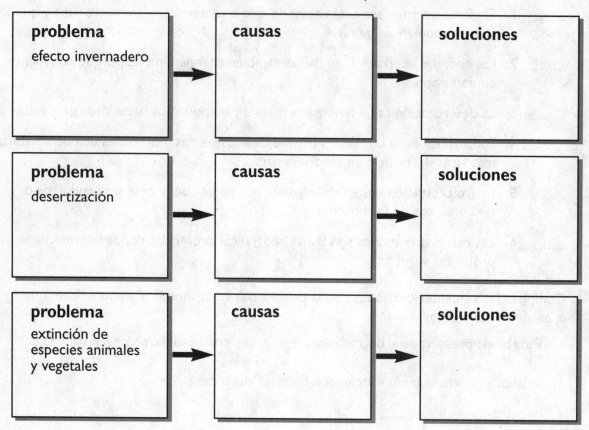

| **problema**
efecto invernadero | ➡ | **causas** | ➡ | **soluciones** |

| **problema**
desertización | ➡ | **causas** | ➡ | **soluciones** |

| **problema**
extinción de especies animales y vegetales | ➡ | **causas** | ➡ | **soluciones** |

D. Este texto expone la situación real de nuestro planeta y nos invita a cuidarlo y protegerlo. Contesta las siguientes preguntas.

1. ¿Con qué intención piensas que ha podido escribir el autor este artículo?

_____

2. ¿Conoces casos reales que ejemplifiquen los problemas planteados en este artículo? ¿Cuáles son?

_____

_____

3. Compara este artículo con «Tecnología: Rumbo al futuro». ¿Qué aspectos crees que tienen en común?

_____

Vocabulario

Protejamos nuestra Tierra

Vocabulario en contexto

A. Busca la definición que corresponda a cada una de las palabras.

_____ 1. fértil   **a.** relativo a los bosques

_____ 2. litoral   **b.** recipiente grande para depositar residuos

_____ 3. enchufar   **c.** proteger, dar protección

_____ 4. amparar   **d.** región costera

_____ 5. contenedor   **e.** unir un aparato eléctrico a la red eléctrica

_____ 6. forestal   **f.** que da frutos, lo contrario de árido

B. Completa el párrafo con la palabra que corresponda.

   Palabras: embalajes, degradación, envases, fuentes, malgastar, recargables, superar

Aunque a veces pensamos que podemos hacer muy poco para evitar la

1._____ de nuestro planeta, no es cierto. Podemos ser consumidores

responsables y comprar productos con **2.**_____ reciclables, evitar

3._____ si no son imprescindibles, usar productos **4.**_____

y no **5.**_____ agua, ni electricidad en casa o en la escuela. Estas pequeñas

medidas, que podemos adoptar fácilmente, contribuyen a no agotar las

6._____ de energía y a **7.**_____ los problemas

medioambientales que tenemos.

C. Escribe en los espacios en blanco el sinónimo del cuadro que mejor corresponda a las palabras subrayadas. Cambia la forma de la palabra si es necesario.

silvestre	hoguera	apagar	hábitat	impulsado	vigilar

_____ **1.** Los bosques conservan el medio ambiente y son el <u>hogar</u> de muchas especies animales y vegetales del planeta.

_____ **2.** La economía de las naciones suele verse <u>fomentada</u> por la explotación de los bosques.

_____ **3.** Pero también es fundamental <u>controlar</u> y evitar la reducción de las áreas forestales.

_____ **4.** Para preservar los bosques y la vida <u>natural</u> son necesarias la intervención y la regulación de la actividad económica por parte de los gobiernos.

_____ **5.** El gobierno debe prohibir encender <u>fuegos</u> para aquellos que visitan bosques.

_____ **6.** <u>Extinguir</u> incendios no es suficiente. El objetivo debe ser educar a la población y prevenir accidentes innecesarios.

Vocabulario

Protejamos nuestra Tierra

D. Contesta las siguientes preguntas con oraciones completas.

I. ¿Qué medidas <u>pondrías en marcha</u> en tu comunidad para contribuir a la conservación de nuestro planeta?

_____

_____

2. ¿Qué alimentos de tu dieta alimenticia crees que son ricos en <u>nutrientes</u>?

_____

_____

3. ¿Te sientes <u>privilegiado(a)</u> por vivir en el lugar en el que vives? ¿Por qué sí o por qué no?

_____

_____

Mejora tu vocabulario

E. Clasifica estas palabras según sean cognados o cognados falsos. Consulta un diccionario si es necesario.

sensible	diversión	tenis	simpático	computadora
actual	historia	varios	vital	favor

Cognados

I. _____

2. _____

3. _____

4. _____

5. _____

Cognados falsos

6. _____

7. _____

8. _____

9. _____

10. _____

F. Ahora escribe una oración con cada uno de los cognados falsos de forma correcta.

I. _____

2. _____

3. _____

4. _____

5. _____

Nuevas vistas Curso de introducción

COLECCIÓN 3 · GRAMÁTICA

Gramática

Protejamos nuestra Tierra

El modo imperativo

A. Completa el crucigrama con el mandato positivo o negativo de los verbos según las personas dadas.

Horizontal

3. hacer (nosotros); positivo

4. callar (vosotros); negativo

5. tener (tú); positivo

9. almorzar (vosotros); positivo

10. dormir (nosotros); positivo

Vertical

1. ser (tú); negativo

2. almorzar (ustedes); negativo

6. tener (usted); negativo

7. ir (nosotros); positivo

8. hacer (tú); positivo

B. ¿Qué les dirías a las siguientes personas en las circunstancias dadas? Usa los mandatos positivos o negativos y combina los verbos dados según el contexto.

Verbos: calmarse, sentarse, ir, bajar, decir, pasar, cerrar, conseguir, contar

MODELO Tu amigo está muy angustiado porque perdió su billetera. (Cálmate.)

1. Tu hermano tiene la música muy alta y tú estás estudiando.

_____

2. Tus amigos llegan a tu casa a visitarte.

_____

3. A tu mamá le duele la espalda.

_____

4. Tu amiga está en problemas en el colegio y no sabe qué decirles a sus padres.

_____

Gramática

El uso simultáneo de pronombres de complemento directo e indirecto

C. Escoge la respuesta de la segunda columna que mejor complete cada pregunta de la primera. Fíjate en los pronombres de complemento directo e indirecto.

_____ **1.** Voy a acampar aquí. ¿Puede responderme estas preguntas?

_____ **2.** ¿Puedo cortar plantas o flores?

_____ **3.** ¿Puedo dar comida a los animales?

_____ **4.** ¿Podemos sacar fotos a los nativos?

_____ **5.** ¿Nos podemos poner el traje de baño?

_____ **6.** ¿Le devolvemos mañana la leña que nos sobre?

_____ **7.** ¿Digo a mis compañeros que no hagan ruido?

_____ **8.** ¿Comunico al guarda cualquier incidente?

a. No, no se la des.

b. Sí, se las pueden sacar.

c. Sí, devuélvanmela mañana.

d. Sí, díselo.

e. No, no debes cortarlas.

f. Sí, comunícaselo.

g. Claro, te las puedo responder.

h. Sí, pónganselo si quieren.

D. Contesta las siguientes preguntas usando simultáneamente los pronombres de complemento directo e indirecto que correspondan.

1. ¿Me puedes mostrar el horario de actividades para la semana de la conservación del medio ambiente?

_____

2. ¿Les enviaron boletines de información a todos los miembros del grupo?

_____

3. ¿Nos van a asignar actividades específicas cada día?

_____

4. ¿Te dijo Elisenda si vendría a la charla sobre ahorro de energía?

_____

Gramática   Protejamos nuestra Tierra

Las oraciones simples y compuestas

E. Primero indica si cada oración es simple o compuesta. Si la oración es compuesta, subraya la(s) cláusula(s) principal(es) y encierra entre paréntesis la cláusula subordinada si la hay.

> **MODELO**   **Oración compuesta** <u>Los problemas</u> (que se derivan del efecto invernadero) <u>pueden ser muy graves</u>.

_____ **1.** El efecto invernadero es muy peligroso porque hace aumentar la temperatura del planeta.

_____ **2.** El aumento de temperatura está causando un cambio climático global.

_____ **3.** Algunos efectos de este cambio climático ya se han detectado.

_____ **4.** Se producen veranos muy calurosos que pueden llegar a causar la muerte de personas mayores o enfermas.

_____ **5.** Algunas especies de insectos, por ejemplo las mariposas, emigran hacia zonas más frías.

_____ **6.** El hielo de los polos puede llegar a deshacerse y aumentará el nivel de los mares.

F. Completa el párrafo con la palabra del recuadro que corresponda según el contexto.

pero	ni	que	como
y	o	cuando	donde

Nuestro continente es una región de incontables recursos, **1.** _____ abundan

la fertilidad del suelo y la riqueza forestal. Sin embargo, ni las represas evitaron la desertización,

2. _____ las leyes impidieron la degradación del medio ambiente. Las tierras

litorales se inundan con facilidad **3.** _____ las lluvias intensas aumentan el

caudal de los ríos. Se necesitan obras de infraestructura, **4.** _____ diques y

caminos distribuidos de manera conveniente, **5.** _____ no siempre las acciones

de gobierno parecen estar al servicio del bien común. Por falta de previsión, el efecto

invernadero amenaza a las ciudades **6.** _____ el derretimiento de los glaciares

compromete el desarrollo futuro. Los ciudadanos creemos **7.** _____ los

representantes del gobierno deben poner en marcha planes que amparen a nuestro hábitat.

O sentamos las bases para que no se malgasten indiscriminadamente nuestros recursos,

8. _____ veremos truncadas nuestras esperanzas y posibilidades.

Cultura y comparaciones

Diversidad geográfica del mundo hispano

A. Indica si las siguientes oraciones son **a) ciertas** o **b) falsas**.

_____ **1.** El Valle Sagrado es una zona con modernas explotaciones agrícolas.

_____ **2.** En la región del Caribe podemos encontrar arrecifes de coral y bosques tropicales.

_____ **3.** En Panamá está el Parque Nacional Soberanía con volcanes y nieves perpetuas.

_____ **4.** La cordillera de los Andes se extiende a lo largo de toda América del Sur.

_____ **5.** El Monte Osorno, en Chile, está en la región de los Lagos.

B. Explica brevemente la importancia de estos lugares en función de la variedad geográfica que reflejan dentro del mundo hispano.

1. El cañón de Casares _____

2. El río Vilcanota/Urubamba _____

3. El mar Caribe _____

4. El Aconcagua _____

5. El lago Llanquihue _____

C. Contesta las siguientes preguntas.

1. Nombra los diferentes ecosistemas que se pueden encontrar en América del Sur y da un ejemplo para cada uno de ellos.

_____

_____

2. ¿En qué zonas de las que aparecen descritas crees que existe mayor riesgo de destrucción del medio ambiente? ¿Por qué?

_____

_____

_____

Ortografía

Protejamos nuestra Tierra

Letra y sonido

A. Completa las palabras con **s, c** o **z**.

1. tra___ar
2. ta___ita
3. pe___es
4. ac___ión

5. pre___ión
6. ca___ita
7. recono___co
8. ha___emos

9. grande___a
10. Ama___onas
11. comen___é
12. ca___uela

B. Ordena las letras de las siguientes palabras y escríbelas en los espacios en blanco de la derecha. Luego, ordena las letras que están dentro de cada círculo para encontrar la respuesta a la siguiente pregunta: ¿Cuáles son los mayores depósitos de agua de la Tierra?

1. IELCO ___ ___ ___ ___ ◯
2. IFAPOCÍC ___ ___ ___ ___ ___ ___ ◯ ___
3. ÉRCODESTI ___ ___ ___ ◯ ___ ___ ___ ___ ___
4. LUZA ◯ ___ ___ ___

5. CIMENA ___ ◯ ___ ___ ___ ___
6. ACRO ___ ◯ ___ ___
7. LAS ◯ ___ ___

C. Las siguientes palabras tienen ortografía similar pero significados diferentes. Busca la definición que corresponda a cada una. Consulta un diccionario si es necesario.

_____ 1. cazar
_____ 2. caso
_____ 3. cerrar
_____ 4. cocer
_____ 5. masa
_____ 6. maza
_____ 7. casar
_____ 8. cazo
_____ 9. serrar
_____ 10. coser

a. partir con una sierra, especialmente madera

b. juntar, unir en matrimonio

c. asunto, tema

d. unir tela con hilo y aguja

e. bastón grueso

f. capturar un animal

g. sustancia densa

h. obstruir, taponar

i. hervir

j. recipiente no muy grande para cocinar

Taller del escritor

Un anuncio publicitario

Vas a escribir un anuncio gráfico para dar publicidad a una campaña de conservación del medio ambiente. Recuerda que debes incluir un **eslógan,** una frase breve que llame la atención, una **ilustración** (puede ser un dibujo o fotografía) y el **texto** que informe sobre la campaña. Primero debes pensar en qué va a consistir esta campaña (ahorro de energía, reciclaje...), y cuál es el público al que va dirigido el anuncio (estudiantes, familias, empresas...).

> **¡Ojo!**
>
> Recuerda que el texto debe ser breve pero debe llamar la atención con frases cortas y convincentes que expresen toda la información precisa. Además, fíjate bien en que la imagen que escojas también transmita tu mensaje.

COLECCIÓN 4

El misterio y la fantasía

Tiempo libre • Guillermo Samperio

Comprensión del texto

A. Escoge la frase de la segunda columna que mejor complete cada frase de la primera columna, de acuerdo con la lectura «Tiempo libre».

_____ 1. El protagonista se ensució los dedos de tinta...

_____ 2. Se lavó las manos con varios productos...

_____ 3. Llamó al doctor porque...

_____ 4. Llamó al periódico...

_____ 5. Le trataron de loco al teléfono...

_____ 6. El protagonista intentó salir de su casa...

_____ 7. Las piernas no resistieron su peso...

_____ 8. Su mujer lo recogió del suelo y se puso a leerlo...

a. para protestar cuando se dio cuenta de que las manchas de tinta eran letras.

b. porque se había convertido en un periódico.

c. empezaba a estar muy preocupado.

d. con el periódico de la mañana.

e. porque estaba muy asustado.

f. cuando explicó lo que le estaba pasando.

g. porque las volvía a tener manchadas de tinta.

h. y se cayó.

B. Primero completa las oraciones con la palabra que falte. Cambia la forma de la palabra si es necesario. Luego numera las oraciones de 1 a 6 en el orden en que ocurrieron en «Tiempo libre».

tallarse	malestar	calma
acomodarse	rotundo	estrepitosamente

_____ a. Las piernas le flaquearon y cayó _____ al suelo.

_____ b. Llamó a las oficinas del periódico para elevar su _____ protesta.

_____ c. Su esposa llegó a casa, _____ en el sofá y se puso a leer el periódico.

_____ d. Fue al baño y se lavó las manos con toda _____.

_____ e. Volvió al baño y _____ con zacate, piedra pómez y finalmente blanqueador.

_____ f. El protagonista sintió esa mañana un profundo _____ cuando abrió el periódico.

Lectura · Tiempo libre

Análisis del texto

C. En el texto «Tiempo libre» se distinguen claramente tres partes: la introducción, el nudo y el desenlace. Piensa en diferentes cosas que suceden en cada una de estas partes y escríbelo en el cuadro correspondiente.

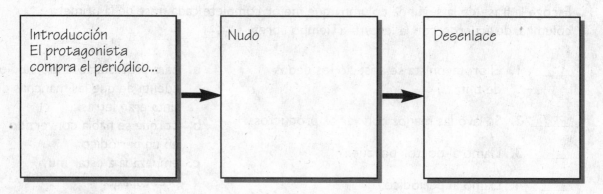

Introducción
El protagonista
compra el periódico...

Nudo

Desenlace

D. Al protagonista de este cuento le suceden cosas extrañas. Contesta las siguientes preguntas.

1. ¿Cómo calificarías este cuento y por qué?

_____

_____

_____

2. Piensa en un cuento semejante a «Tiempo libre» y compáralo. ¿Cómo es parecido? ¿Cómo es diferente?

_____

_____

_____

3. Resume brevemente los elementos extraños o fantásticos de «Tiempo libre».

_____

_____

_____

Vocabulario

Tiempo libre

Vocabulario en contexto

A. Busca la definición que corresponda a cada una de las palabras.

_____ 1. cargar

_____ 2. hojear

_____ 3. invadir

_____ 4. mancharse

_____ 5. desempeñar

_____ 6. inútil

a. que no sirve, que no da resultado

b. ponerse sucio, ensuciarse

c. pasar las hojas de un libro o de una publicación

d. llevar, transportar

e. ocupar un puesto en una institución

f. extenderse, ocupar

B. Completa las siguientes oraciones con la palabra que corresponda. Cambia la forma de la palabra, si es necesario.

desplomarse	la tinta	estar al día	inquieto
costar trabajo	molesto	despreocupadamente	ensuciarse

1. Pedro compraba el periódico todos los días para _____.

2. Al llegar a casa, cansado del trabajo, _____ en el sofá y se ponía a leerlo.

3. Le gustaba pasar las hojas _____, como si no le interesara demasiado.

4. Pero sus ojos se movían _____ en todas direcciones; más que leer, devoraba el periódico.

5. La sección de economía era la que menos le gustaba; le _____ entender la bolsa y las noticias de empresas.

6. A veces se sentía _____ por las declaraciones de los políticos, entonces protestaba en voz alta.

7. Pero no se quejaba cuando _____ los dedos cada vez que leía el periódico.

8. No se enojaba con tal de que _____ saliera con agua y jabón luego.

Vocabulario

Tiempo libre

C. Contesta las siguientes preguntas con oraciones completas.

1. ¿Qué cosas a las que estás <u>acostumbrado(a)</u> echarías de menos si te fueras a vivir a otro país?

_____

2. ¿Cuándo tienes sensación de <u>malestar</u>?

_____

3. No hay peor cosa que ser <u>tratado</u> de estúpido(a). Relata la ocasión en que te pasó.

_____

_____

_____

Mejora tu vocabulario

D. Usa las palabras dadas como punto de partida y completa la tabla con palabras que pertenezcan a la misma familia. Consulta un diccionario si es necesario.

	Verbo	Sustantivo	Adjetivo
1.	acomodarse		
2.			acostumbrado
3.			inquieto
4.			molesto
5.		mareo	

E. Escoge ocho palabras del ejercicio anterior y escribe un párrafo breve que tenga sentido.

_____

_____

_____

_____

_____

_____

_____

Gramática Tiempo libre

El modo subjuntivo

A. Completa las siguientes oraciones con el presente de subjuntivo del verbo que corresponda según el contexto.

Verbos: tratar, explorar, dar, provocar, llamar, leer, visitar

1. Te recomiendo que (tú) _____ las librerías. Verás mucha literatura interesante.

2. Dudo que te _____ la atención los ensayos o los libros periodísticos de actualidad.

3. En cambio, es posible que te _____ los libros de misterio y fantasía como a muchos jóvenes.

4. Si te ha gustado mucho leer «Tiempo libre», es importante que (tú) _____ la literatura fantástica, que siempre relata o refiere a eventos extraños, fuera de la realidad cotidiana.

5. No es cierto que toda la literatura fantástica _____ de brujas o vampiros, ni que _____ miedo.

6. Te sugiero que _____ a Julio Cortázar, Alejo Carpentier, Borges y Bioy Casares, cuyos cuentos y relatos tienen mucho de fantástico y sobrenatural y nada de miedo.

B. Escoge la frase de la segunda columna que mejor complete cada frase de la primera columna según el contexto. Fíjate bien si es mejor escoger un verbo en indicativo o un verbo en subjuntivo.

_____ 1. Me sorprende mucho que Ana...

_____ 2. Estoy seguro de que...

_____ 3. Los astrónomos aseguran que la nave...

_____ 4. Creo que algunos políticos...

_____ 5. Siento mucho que no...

_____ 6. La gente duda que algunos políticos...

_____ 7. Es seguro que Alberto...

_____ 8. Los científicos dudan que la nave...

a. no quieren solucionar los problemas importantes.

b. quiere ir a la playa el domingo. ¡Le encanta!

c. llegará a Marte esta misma noche.

d. quieran solucionar los problemas reales de la gente.

e. llegue a Marte en buenas condiciones.

f. puedo ir al cine con vosotros mañana por la noche.

g. puedas venir al cine con nosotros.

h. quiera ir a la playa. ¡Siempre dice que no le gusta ni la arena ni el sol!

Gramática

Tiempo libre

El modo subjuntivo

C. Completa el mensaje electrónico con los siguientes verbos en el tiempo correcto.

Verbos: cuidar, escribir, estar, ir, tener, ver, hacer, terminar

```
Querida Lorena:

Seguramente voy a venir a verlos dentro de dos meses. No creo que

1. _____ la posibilidad de venir antes, pero en abril voy a tener unos

días libres. Tengo mucho trabajo. Me han pedido que 2._____ un

libro y quieren que lo 3._____ antes de un mes.

Me alegro de que 4._____ tan bien, tal y como me decías en tu último

e-mail, aunque me sorprende mucho que no 5._____ al gimnasio. Me

preocupa un poco que no 6._____ deporte últimamente, así que te

recomiendo que te 7._____ mucho.

Los echo mucho de menos. Ojalá que nos 8._____ muy pronto.

Sara
```

D. Combina los elementos para formar oraciones completas.

1. (yo) querer / que / Elena y Juan / volver / pronto

_____

2. a mis padres / preocuparles / que / los precios / subir

_____

3. ser probable / que / en el futuro / encontrarse vida en otros planetas

_____

4. siempre / parecerme mentira / que / los aviones / poder volar

_____

5. el médico / recomendar/ que / Pedro / ir al hospital / para hacerse un chequeo

_____

Gramática

El modo subjuntivo

E. Reacciona a cada una de las siguientes oraciones dando una recomendación o expresando una duda, una opinión o un juicio.

Sugiero que...	Temo que...	Ojalá que...	Es extraño que...

MODELO   Mañana tengo un examen muy importante.

Ojalá que te vaya muy bien.

1. Luis no llega y su coche no funcionaba muy bien últimamente.

_____

2. Ana dijo que hoy llamaría por teléfono para hacer algo todos juntos.

_____

3. Las calificaciones de Isabel han bajado un poco en este mes.

_____

F. Escribe sobre los problemas de la sociedad actual. Puedes dar alguna solución o sugerencia a estos problemas. También puedes destacar los aspectos positivos que encuentres. Da tu opinión y expresa tus sentimientos. Usa el presente de subjuntivo y por lo menos siete de las palabras dadas.

Palabras para escoger				
entristecer	alegrar	ojalá	parecer	ser increíble
odiar	molestar	recomendar	estar seguro	
preocupar	desear	sentir	dudar	

_____

_____

_____

_____

_____

_____

Ortografía   Tiempo libre

Acentuación

A. Marca la tilde en las siguientes palabras cuando sea necesario.

1. albumes	5. idolo	9. fantastico
2. teoricamente	6. indigena	10. sabado
3. sintesis	7. resumen	11. articulo
4. volumen	8. tristisimo	12. regimen

B. Sustituye las palabras subrayadas por pronombre(s) y pon el verbo en la forma que corresponda. Fíjate si las palabras deben llevar tilde.

> **MODELO** Explica <u>a tu hermano</u> cómo se hace el ejercicio. (Explícale)

_____ **1.** Cuenta <u>a ella</u> lo que te ha dicho la profesora.

_____ **2.** Lee <u>el cuento a tu hermana pequeña</u>.

_____ **3.** Por la mañana, antes de nada, lleva <u>un vaso de leche a la abuela</u>.

_____ **4.** Están comprando <u>el regalo a Alicia</u>.

_____ **5.** Cómete <u>el pescado</u>, por favor.

_____ **6.** No conseguirás nada dando <u>a Juan</u> el dinero que te sobra.

C. Sustituye las palabras subrayadas por una palabra terminada en **-ísimo** o **-mente**.

1. Los cuentos fantásticos pueden poner <u>muy preocupado</u> al lector.

_____

2. Aunque hay veces que le pueden asustar <u>con facilidad</u>, o provocar diversas

reacciones. _____

3. <u>Según la teoría</u>, todo cuento fantástico es aquel que contiene elementos sobrenaturales,

como «Tiempo libre». _____

4. El lector queda <u>muy intrigado</u> al terminar de leer «Tiempo libre».

_____

5. Porque <u>con intención</u> no se explica por qué el protagonista se convierte en

periódico. _____

Chac Mool • Carlos Fuentes

• •

Comprensión del texto

A. Indica si las siguientes oraciones son **a) ciertas** o **b) falsas** de acuerdo con la lectura de «Chac Mool».

_____ **I.** Filiberto es aficionado al arte indígena mexicano, especialmente a las figuras.

_____ **2.** El protagonista compra el Chac Mool y lo coloca en el salón de su casa.

_____ **3.** Con el transcurso del tiempo la estatua comienza a transformarse en un ser vivo.

_____ **4.** El Chac Mool posee poderes relacionados con el viento y el fuego.

_____ **5.** Filiberto se toma unas vacaciones y se va de viaje con el Chac Mool.

B. Primero completa las oraciones con la palabra que falte. Cambia la forma de la palabra si es necesario. Luego numera las oraciones de I a 7 en el orden en que ocurrieron en «Chac Mool».

bofetada	sobresaltado	repulsivo
inundarse	huir	
textura	llamarle la atención	

_____ **a.** Un indio con aspecto _____ abrió la puerta al amigo de Filiberto.

_____ **b.** Una noche Filiberto se despertó _____ con la seguridad de que

había alguien más en la casa.

_____ **c.** Filiberto empezó a equivocarse en el trabajo y el director tuvo que

_____.

_____ **d.** Filiberto notó que en el torso de Chac Mool había una _____

que se parecía a la carne.

_____ **e.** Las tuberías se descompusieron y el sótano de la casa _____.

_____ **f.** Filiberto quiere _____ del Chac Mool; su plan es ir hasta

Acapulco.

_____ **g.** Chac Mool le dio una _____ a Filiberto.

Lectura
Chac Mool

Análisis del texto

C. Piensa en seis momentos clave de la transformación que sufre Chac Mool a lo largo del cuento. En los siguientes cuadros, usa palabras para contar los diferentes estados físicos por los que pasa.

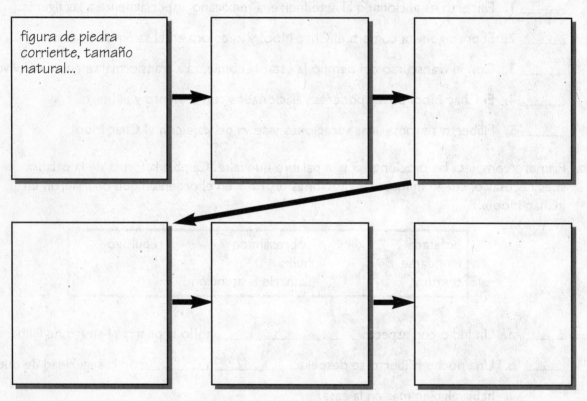

figura de piedra corriente, tamaño natural...

D. En este cuento los dos protagonistas, Chac Mool y Filiberto, sufren grandes transformaciones y cambios. Contesta las siguientes preguntas.

1. Explica brevemente en qué se transforma o cómo cambia cada uno de ellos.

_____

_____

2. ¿Recuerdas otras historias o cuentos en los que los protagonistas se transformen?

_____

_____

_____

_____

Vocabulario

Chac Mool

Vocabulario en contexto

A. Busca la definición que corresponda a cada una de las palabras.

_____ 1. descabellado

_____ 2. aliento

_____ 3. bizco

_____ 4. reprochar

_____ 5. socio

_____ 6. despedido

a. aire que sale al respirar

b. alguien con quien compartes un negocio

c. que ha perdido el trabajo

d. mostrar enojo por lo que se ha dicho o hecho

e. sin sentido, irracional, absurdo

f. con los ojos y la mirada torcidos

B. Completa el párrafo con las palabras dadas. Cambia la forma de las palabras si es necesario.

endurecerse	percatarse	raspar
macizo	corriente	descompuesto
para colmo de males	recostado	entierro

El pasado mes de febrero fue descubierta en el famoso yacimiento de Toaxicoclan una

pieza nada **1.** _____. La figura representa una mujer

2. _____ y con una mano extendida. La pieza es de tamaño pequeño y de

oro **3.** _____. Los arqueólogos no **4.** _____ de lo

extraordinario del descubrimiento hasta que **5.** _____ sobre la

superficie y limpiaron la capa de tierra que **6.** _____ sobre ella. Por

desgracia, la pieza está un poco **7.** _____ debido al paso del tiempo.

8. _____, cuando fue extraída se desprendió una de las partes, la cabeza.

Posiblemente este tipo de figuras se usó en los **9.** _____ de personas

jóvenes y sirvió para calmar a los dioses.

Vocabulario

Chac Mool

C. Contesta las siguientes preguntas con oraciones completas.

1. ¿Qué cualidades le <u>atribuyes</u> a un buen amigo?

_____

_____

_____

2. ¿Conoces alguna <u>pesadilla</u> que quite el sueño a la gente?

_____

_____

_____

3. ¿Qué objetos o aparatos sabes <u>arreglar</u> si se rompen?

_____

Mejora tu vocabulario

D. Intenta formar todas las palabras posibles con los prefijos y sufijos dados.

prefijos

des-

in-

aliento
olor
hacer
compuesto
inundar

sufijos

-ado

-oso

-ión

_____

_____

_____

_____

_____

Nuevas vistas Curso de introducción

Gramática

Chac Mool

El presente perfecto de subjuntivo

A. Completa las siguientes oraciones con el presente perfecto de subjuntivo del verbo que corresponda según el contexto.

Verbos: dedicar, avisar, llegar, recibir, decidir, llamar, olvidarse, ser

Es extraño que Felipe no **1.** _____ todavía; es muy puntual. Si tuvo un

contratiempo, espero que no **2.** _____ nada grave. Dudo que (él) no

3. _____ la invitación: se la di yo en mano. Está muy mal que (él) no nos

4. _____ por teléfono. ¡Es muy raro que (él) no **5.** _____!

Siempre avisa en estos casos. Ya son las ocho. Qué pena que (yo) **6.** _____

tanto tiempo en preparativos: las invitaciones, la comida, la bebida, las mesas y los manteles.

¡Es increíble que Felipe **7.** _____ de su cumpleaños! Es posible que (él)

8. _____ festejarlo solo.

B. Completa las oraciones sobre «Chac Mool» con la forma del verbo que corresponda según el contexto.

1. Es increíble que una escultura se (haya convertido/ha convertido) en un ser casi humano.

2. El amigo de Filiberto duda que éste (haya escrito/ha escrito) una historia verídica en su diario.

3. La intención de Chac Mool es que Filiberto se (vuelva/haya vuelto) completamente loco.

4. Es una pena que su afición por el arte indígena mexicano le (ha llevado/haya llevado) a esto.

5. Qué maravilloso que ellos (hayan inventado/han inventado) una historia tan misteriosa y emocionante.

6. Desde el principio Filiberto insiste en que no quiere una réplica que no (sea/haya sido) razonable.

Gramática

Chac Mool

El subjuntivo en cláusulas adjetivas

C. En cada oración subraya la cláusula adjetiva e indica en el espacio en blanco si el antecedente es **a)** conocido, definido o específico o **b)** desconocido, indefinido o no específico.

> MODELO   Le gustan las pinturas <u>que tengan colores vivos</u>. **(b)**

_____ 1. Me gustan las historias de misterio que tienen un final inesperado.

_____ 2. Chac Mool, por ejemplo, es un cuento que sorprende mucho.

_____ 3. Lo importante es que cualquier lector que lea la historia se emocione.

_____ 4. Y, como en el cine, que el espectador que esté en la sala de cine sienta miedo y sorpresa.

_____ 5. Los personajes que aparecen también son muy inquietantes.

_____ 6. Siempre alquilo películas que den un poco de miedo. No hay nada mejor.

_____ 7. Las películas de Alfred Hitchcock que he visto tienen suspenso.

_____ 8. Ahora quiero leer algún libro que trate de Egipto y de los faraones y que sea misterioso.

D. Escoge la frase de la segunda columna que mejor complete cada frase de la primera columna según el contexto.

_____ 1. Quiero comprar en México una figura que...

_____ 2. Machu Picchu es un sitio arqueológico que...

_____ 3. En Perú hay tejidos y mantas que...

_____ 4. Estamos buscando unos aretes que...

_____ 5. En el Museo del Oro de Lima hay una pieza que...

_____ 6. De Colombia trajeron una figura femenina que...

a. pesan más de un kilo.

b. represente al Chac Mool, el dios de la lluvia.

c. representa a la diosa de la fertilidad.

d. sean de plata y tengan forma redonda.

e. tiene más de dos mil años de antigüedad.

f. muestra cómo era la sociedad inca en su mayor esplendor.

Nuevas vistas Curso de introducción

COLECCIÓN 4 • GRAMÁTICA

Gramática

Las preposiciones y los adverbios

Chac Mool

E. En cada oración del diálogo, subraya las preposiciones y marca los adverbios con un óvalo.

    MODELO —¿Qué buscas <u>con</u> tanto interés <u>por</u> (ahí?)

  1. —¿Has visto mis libros de español por aquí?

  2. —No. ¿No los encuentras? Quizá estén en la biblioteca. Ayer estuviste allí.

  3. —Sí, pero luego estuve estudiando con Graciela en su casa y los usé.

  4. —¡Ah! Entonces es probable que los hayas dejado allí.

  5. —Sí, creo que sí. Es posible que estén sobre la mesa del salón.

F. Completa el párrafo con la preposición o el adverbio que corresponda según el contexto.

por	plácidamente	ya	antes	bastante
hasta	luego	con frecuencia	desde	bien
sin	para	con	inmediatamente	

Las pesadillas son **1.** _____ la fuente de muchos sobresaltos.

2. _____ de dormir, **3.** _____ conciliar el sueño, hojeamos

un libro **4.** _____ la esperanza de quedarnos dormidos

5. _____ y descansar **6.** _____. **7.** _____

ese momento **8.** _____ que nos dormimos **9.** _____,

nos movemos de un lado al otro molestos, en un intento inútil **10.** _____

alcanzar la calma. Sabemos que debemos ser pacientes porque tardaremos

11. _____ en conseguirla. **12.** _____, cuando menos lo

esperamos y **13** _____ quererlo, **14.** _____ estamos dormidos.

Cultura y comparaciones

Arquitectura del mundo hispano

A. Indica si las siguientes oraciones son **a) ciertas** o **b) falsas.**

_____ **1.** El Museo Guggenheim de Bilbao es un edificio de arquitectura que usa materiales de construcción muy modernos.

_____ **2.** Los edificios de paredes blancas y techos de teja roja son característicos del estilo colonial.

_____ **3.** Machu Picchu, situado a más de 2.000 metros sobre el nivel del mar, era un centro muy importante para los incas.

_____ **4.** La arquitectura de Córdoba, en España, tiene una gran influencia de la cultura griega.

_____ **5.** El acueducto de Segovia es una construcción moderna de ingeniería que no provee de agua a la ciudad de Segovia.

B. Explica brevemente la importancia de estos monumentos o ciudades en cuanto a la arquitectura.

1. El acueducto de Segovia _____

2. Taxco (México) _____

3. Córdoba (España) _____

4. Buenos Aires (Argentina) _____

5. Las ruinas de Machu Picchu _____

C. Contesta las siguientes preguntas.

1. ¿Cómo es la arquitectura colonial? ¿Puedes dar algún ejemplo de este tipo de arquitectura?

_____

_____

2. Compara la información que tienes sobre el acueducto de Segovia y las ruinas de Machu Picchu. ¿Encuentras alguna cosa en común?

_____

_____

_____

Ortografía

Chac Mool

Letra y sonido

A. Completa las palabras con **c, qu** o **k**.

1. ___aricia	5. blo___e	9. A___apul___o
2. ___oala	6. no___turno	10. ___ilómetro
3. es___rito	7. ___imono	11. ad___irir
4. cole___ción	8. pre___olombino	12. biste___

B. Completa las oraciones con **c, qu** o **k**.

1. El ___ilovatio es una unidad que mide la potencia eléctrica.

2. Sólo ___eremos participar en el ___oncurso.

3. ¿___ién va a salir primero en la ___arrera de relevos?

4. Los alumnos de ___into grado están preparando una a___tuación.

5. Al___iló un fra___ para la graduación de su hermana.

6. En ___enia hay parques naturales con animales salvajes.

C. Completa las oraciones con la palabra correcta.

1. Siempre que lo veo, está vestido con pantalones de color (caci/kaki).

2. Para los seguidores del judaísmo la comida debe ser (kosher/cosher), como lo ordenó Dios.

3. El rosado es considerado por muchos un color (quitsch/kitsch).

4. (Cáiser/Káiser) es una palabra de origen alemán. Es el título que recibían los emperadores en Alemania y Austria.

Taller del escritor

Un artículo informativo

Vas a escribir un artículo informativo sobre algún edificio o monumento que te haya interesado o impresionado. Deberás explicar dónde está situado, cuándo y por quién fue construido, cuánto tiempo duró la construcción, qué elementos arquitectónicos son los más importantes y los usos que ha tenido o tiene este edificio o monumento. Para concluir, explica el valor real y simbólico que puede tener. Consulta fuentes de información que sean fiables.

¡Ojo!

Recuerda presentar de manera clara y muy organizada toda la información. Escribe párrafos con un tema cada uno. Conecta la información usando expresiones como *en la antigüedad*, *a continuación, actualmente*. Además, fíjate bien y escribe correctamente los nombres propios y las fechas que aportes como información.

COLECCIÓN 5

El amor

Enero: tortas de navidad • Laura Esquivel

Comprensión del texto

A. Escribe en los espacios en blanco el personaje de «Enero: tortas de navidad» que corresponda a cada una de las descripciones.

Personajes: Tita, Pedro, Rosaura, Mamá Elena, Chencha, Don Pascual, Nacha

_____**1.** Para cortar la conversación dijo: "Por hoy ya terminamos con esto".

_____**2.** Sintió un frío infinito la noche que supo que su hermana se casaría con Pedro.

_____**3.** Acude a pedir la mano de una chica y al final acepta casarse con otra.

_____**4.** Le lleva torta de navidad y leche a Tita a su habitación.

_____**5.** Por poco tira el café y las galletas encima de los invitados.

_____**6.** No entendía que su hijo quisiera casarse sin sentir amor.

_____**7.** Es la hermana mediana y la que Pedro acepta como esposa.

B. Primero completa las oraciones con la palabra que falte. Cambia la forma de la palabra si es necesario. Luego numera las oraciones de 1 a 6 en el orden en que ocurrieron en «Enero: tortas de navidad».

Palabras: rancho, confesar, plática, menor, torta, tejer

_____ **a.** Pedro y Pascual Muzquiz van al _____ de la familia De la Garza.

_____ **b.** Pedro le _____ su amor a Tita la noche de Navidad.

_____ **c.** Tita sintió mucho frío y se puso a _____ una colcha.

_____ **d.** Mamá Elena dice que Tita no puede casarse por ser la _____.

_____ **e.** Tita y sus hermanas preparan _____ de navidad.

_____ **f.** En el rancho de Mamá Elena el tiempo se iba volando entre

_____ y bromas.

Lectura

Enero: tortas de navidad

Análisis del texto

C. Escribe los rasgos y características que definen a los personajes de «Enero: tortas de navidad». Luego enlaza los círculos con flechas y escribe en ellas el tipo de relación que une a estos personajes.

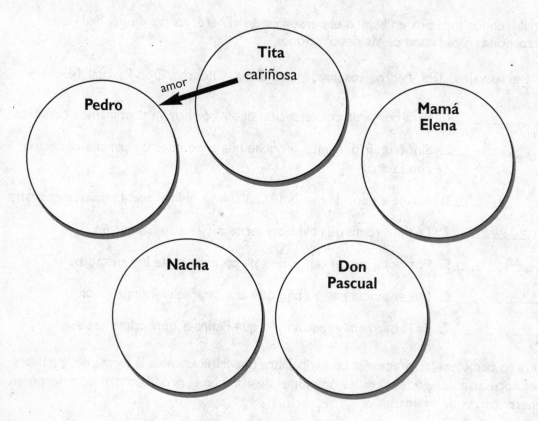

D. En «Enero: tortas de navidad» se plantea el conflicto que se va a desarrollar a lo largo de la novela *Como agua para chocolate*. Contesta las siguientes preguntas.

1. ¿Cuál es el conflicto mayor que se plantea?

   _____

   _____

2. ¿Qué acontecimiento nos hace ver exactamente cuáles son los sentimientos de Tita?

   _____

   _____

3. ¿Cómo crees que va a evolucionar la historia? Plantea dos posibles finales.

   _____

   _____

Nuevas vistas Curso de introducción

Vocabulario

Enero: tortas de navidad

Vocabulario en contexto

A. Completa este crucigrama usando las pistas dadas.

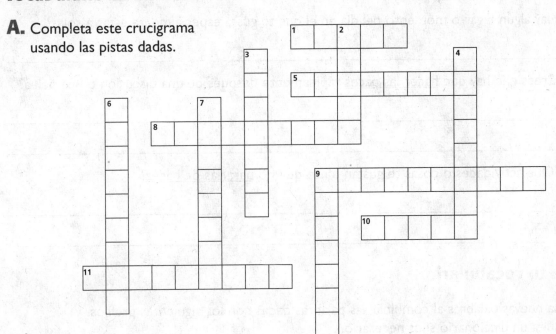

Horizontal

1. entrelazar hilos para formar una tela

5. sin respeto

8. pasar, ocurrir

9. ser responsable de alguna tarea

10. quitar la piel o la corteza

11. hacer más oscuro

Vertical

2. prometer solemnemente

3. conversación

4. asumir compromisos u obligaciones

6. ponerse cerca

7. de acuerdo con otro en algo

9. reducir en tamaño

B. Indica si las siguientes oraciones son **a) ciertas** o **b) falsas.**

_____ 1. En la familia de Tita, la hija menor debe velar por su mamá hasta que muera.

_____ 2. Cuando Pedro y su padre fueron al rancho, nadie los agasajó.

_____ 3. La sirvienta de la casa se llama Nacha.

_____ 4. Finalmente, Rosaura va a contraer matrimonio con Pedro Muzquiz.

_____ 5. No es bueno que la grasa del chorizo impregne el pan.

Vocabulario

Enero: tortas de navidad

C. Contesta las siguientes preguntas con oraciones completas.

1. ¿Hay algún lugar o momento del día en el que te gusta especialmente estar <u>a solas</u>?

   _____

2. ¿Crees que hay que <u>hacer las paces</u> rápidamente después de una discusión o una pelea?

   _____

   _____

3. ¿Qué actividades o cosas te gustan tanto que <u>no pararías de hacer</u>?

   _____

   _____

Mejora tu vocabulario

D. Forma nuevas palabras al combinar las palabras dadas con los siguientes prefijos. Consulta un diccionario si es necesario.

Prefijos: sobre-, extra-, ex-, pre-, des-, dis-, inter-, pre-, co-, com-, con-, en-, re-

1. acción   <u>extracción</u>   _____

2. parecer   _____   _____

3. cárcel   _____   <u>encarcelar</u>

4. venir   _____   _____

5. cubrir   _____   _____

E. Escoge tres o más palabras del ejercicio anterior y escribe un párrafo breve que tenga sentido.

_____

_____

_____

_____

_____

_____

Nuevas vistas Curso de introducción

Gramática

Enero: tortas de navidad

La cláusulas adverbiales de modo, lugar y tiempo

A. En cada oración subraya la cláusula adverbial e indica en el espacio en blanco si es de **modo, lugar** o **tiempo.**

> **MODELO** Todas las mujeres charlaban alegremente alrededor de la mesa <u>mientras preparaban el chorizo</u>. **Tiempo**

_____ **1.** Tita se entera de que Pedro va a casarse con su hermana mientras está preparando tortas de navidad.

_____ **2.** Mamá Elena trata a sus hijas como si fueran exclusivamente de su propiedad.

_____ **3.** Tita no quiere recordar el lugar donde Pedro le declaró su amor.

_____ **4.** No sabemos la reacción de Rosaura cuando se enteró de la noticia.

_____ **5.** Mientras Tita y Pedro no puedan hablar, no sabrán lo que piensan de este asunto.

_____ **6.** Tita siente como si un frío intenso se hubiera instalado dentro de su cuerpo.

_____ **7.** Tita se pone a tejer hasta que termina la cobija de madrugada.

_____ **8.** Chencha deja las tortas de navidad donde Tita las pueda comer si quiere.

B. Completa el párrafo sobre «Enero: tortas de navidad» con el verbo en indicativo o en subjuntivo según corresponda.

> Querido diario:
>
> Hoy ha ocurrido algo terrible, mi mano tiembla mientras 1. (escribe/escriba). Pedro va a casarse con Rosaura en cuanto 2. (esté/está) todo listo. Me declaró su amor, me propuso matrimonio... pero ahora ya no le creo. Miente como 3. (habla/hable). ¿Cómo puede hacerme esto? Siempre que lo 4. (vea/veo), apartaré mi mirada. Saldré de la habitación en la que él 5. (esté/está). Y mientras 6. (viva/vivo), no podré perdonar a mamá. En cuanto mis lágrimas 7. (cesen/cesan), prepararé mi valija y me iré, antes de que se 8. (hace/haga) de día.

Nuevas vistas Curso de introducción

Gramática

Las cláusulas adverbiales de causa, condición y finalidad

C. Escoge la frase de la segunda columna que mejor complete cada frase de la primera columna, según el contexto.

_____ 1. Pedro decide casarse con Rosaura...

_____ 2. Pedro no se casa con Tita...

_____ 3. Pedro ya tiene pensada una solución...

_____ 4. Mamá Elena se niega al matrimonio de Tita...

_____ 5. Chencha está preocupada...

_____ 6. La situación va en contra de...

_____ 7. Pedro es capaz de casarse con una mujer que no ama...

_____ 8. Tita busca distracción tejiendo y está resignada a...

a. una vida de soltería.

b. para que él y Tita puedan estar cerca uno del otro.

c. puesto que es su hija menor y debe cuidar de ella.

d. porque la tradición de la familia de Tita se lo prohíbe.

e. la tradición familiar que tiene mucho peso.

f. en caso de que Mamá Elena le niegue la mano de Tita.

g. puesto que sabe del amor que Tita y Pedro se profesan.

h. con tal de estar cerca de Tita.

D. Completa las siguientes oraciones con tus propias ideas. Fíjate si debes usar indicativo o subjuntivo.

1. Los padres no deben decidir el matrimonio de sus hijos puesto que _____
_____.

2. Casarse con una persona que no amas no es una buena idea a menos que _____
_____.

3. Los jóvenes que se casan deben conocerse para que _____
_____.

4. Las familias no deben entrometerse en la vida de los jóvenes en caso de que _____
_____.

5. Nadie tiene derecho a exigir que una persona renuncie a su vida ya que _____
_____.

Gramática

Enero: tortas de navidad

Las cláusulas de relativo

E. Completa el siguiente diálogo con los pronombres relativos que correspondan según el contexto. En algunos casos pueden ser válidos varios pronombres. Cambia la forma del pronombre si es necesario.

Pronombres relativos: que, quien, cuyo(a), (el/la) cual

1. —¿Empezaste la novela _____ nos sugirió leer la profesora?

2. —Sí, me encanta. Trata de unos chicos _____ se enamoran pero no pueden casarse.

3. —No pueden casarse porque Tita, _____ es la menor de la familia, tiene que cuidar de su mamá.

4. —Y la mamá le ofrece a Pedro la posibilidad de casarse con Rosaura, _____ está disponible.

5. —Y Pedro, _____ amor por Tita es inmenso, decide casarse con la hermana.

6. —Pero Tita no entiende que Pedro, _____ le había declarado su amor, haga eso.

7. —Y Tita, _____ pena es inmensa, se muere de frío y se pone a tejer una colcha. Todavía no he leído más.

8. —Yo tampoco. ¿Tú crees que al final estos jóvenes _____ se quieren tanto van a conseguir estar juntos?

F. Imagina que fuiste a África de vacaciones con tu familia. Cuéntale a tu mejor amigo(a) del viaje. Usa los pronombres de relativo y al menos siete de las palabras dadas.

caminar	safari	ver	correr
ir	miedo	animal	gritar
escalar	todoterreno	estar	pasarlo bien/mal

_____

_____

_____

_____

Ortografía

Acentuación

A. Completa las oraciones con la palabra correcta.

1. Chencha les sirvió (te/té) mientras los invitados hablaban con Mamá Elena.

2. Pedro quiere que Mamá Elena le (dé/de) una respuesta inmediatamente.

3. Sorprendentemente, Pedro dijo que (sí/si) cuando le ofrecieron la mano de Rosaura.

4. Pedro no imaginaba el dolor que sentía Tita a causa de (él/el).

5. (Aún/Aun) no se podía creer del todo lo que estaba sucediendo.

6. No (sé/se) qué haría yo si me sucediera algo parecido a lo que le pasó a Tita.

B. Marca la tilde en las palabras subrayadas cuando sea necesario.

1. Tita no podía entender a su madre <u>que</u> insistía en continuar la tradición.

2. Si su madre se oponía a esa unión, ¿<u>como</u> saber si podría vivir sin Pedro?

3. Se preguntaba <u>cual</u> era la solución adecuada en estos casos.

4. ¿Y <u>donde</u> se quedaban las mujeres que se casaban y no podían tener hijos?

5. ¿<u>Cuales</u> fueron las investigaciones que se llevaron a cabo para concluir que la hija menor era la más adecuada?

6. ¿Acaso fue su propia madre <u>quien</u> inició esta tradición?

C. Escribe dos oraciones con cada par de palabras dado.

donde/dónde	cuando/cuándo	quien/quién
cuanto/cuánto	como/cómo	

1. _____

2. _____

3. _____

4. _____

5. _____

El hijo • Horacio Quiroga

Comprensión del texto

A. Indica si las siguientes oraciones son **a) ciertas** o **b) falsas** de acuerdo con la lectura de «El hijo».

_____ **1.** El hijo sale de caza solo al monte y promete volver a las doce del mediodía.

_____ **2.** Al chico no le gusta mucho cazar, aunque a veces acompaña a un amigo.

_____ **3.** El padre intenta educar a su hijo para que sea libre y al mismo tiempo consciente del peligro.

_____ **4.** El padre, al oír el disparo de la escopeta, piensa inmediatamente que algo malo ha sucedido.

_____ **5.** El padre sufre una alucinación y cree que su hijo está sano y salvo.

B. Primero completa las oraciones con la palabra que falte. Cambia la forma de la palabra, si es necesario. Luego numera las oraciones de 1 a 6 en el orden en que ocurrieron en «El hijo».

Palabras: poste, darse cuenta, atravesar, alto, pasión, escopeta

_____ **a.** El chico aparece y _____ de que su padre está realmente preocupado.

_____ **b.** El padre trabaja mientras piensa en su hijo, en la _____ que siente por la caza.

_____ **c.** El padre cree ver a su hijo muerto al pie de un _____.

_____ **d.** El padre _____ el campo sudoroso buscando a su hijo.

_____ **e.** Se oye a lo lejos el estampido de la Saint-Etienne, la _____ de su hijo.

_____ **f.** El sol está ya _____ cuando el padre decide ir a buscar a su hijo.

Lectura

Análisis del texto

C. En «El hijo», aparece un episodio recordado por el padre. Nombra este episodio y su función en el cuento en el círculo mayor, y describe el episodio en los círculos menores.

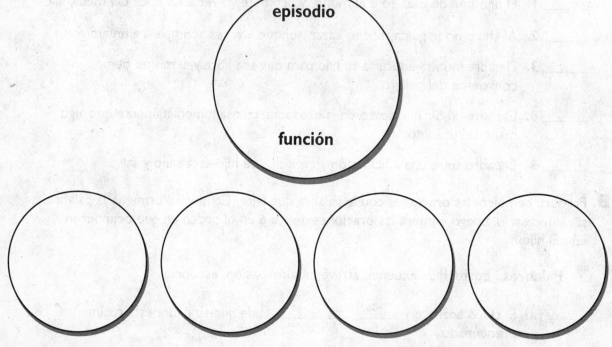

episodio

función

D. Este texto juega todo el tiempo con la realidad y la fantasía, con lo que sucede en la historia y con lo que el padre imagina, piensa o alucina. Contesta las siguientes preguntas.

1. ¿Qué crees que el autor pretende conseguir en el lector con esta mezcla de realidad y fantasía?

_____

_____

2. ¿Cuál es tu opinión sobre el final de la historia? ¿Te ha sorprendido?

_____

_____

3. ¿Recuerdas alguna película cuyo final también "engañe" al espectador?

_____

_____

Vocabulario

El hijo

Vocabulario en contexto

A. Busca la definición que corresponda a cada una de las palabras.

_____ **1.** demora

_____ **2.** sofocar

_____ **3.** empapado

_____ **4.** escasez

_____ **5.** sombrío

_____ **6.** yacer

a. sin luz, a la sombra

b. completamente mojado

c. falta de algo

d. estar acostado

e. ahogar, dominar

f. tardanza

B. Completa el párrafo con las palabras dadas. Cambia la forma de la palabra si es necesario.

desgracia	inexorablemente	enredado
escopeta	atroz	atravesar
engañarse	emprender	angustia

Ésta es la historia de un padre y un hijo y un accidente **1.** _____ que les

separará para siempre. El chico sale a cazar con su **2.** _____ y se demora

demasiado. El padre empieza a pensar que puede haber ocurrido una **3.** _____

y **4.** _____ la búsqueda de su hijo. La **5.** _____ del padre es

enorme mientras **6.** _____ los campos buscándolo. **7.** _____

el destino se impone. El hijo ha fallecido **8.** _____ en unos alambres. Es tan

grande el dolor que el padre siente que **9.** _____ a sí mismo y cree que su

hijo todavía continúa con vida.

Vocabulario

COLECCIÓN 5 · VOCABULARIO

C. Contesta las siguientes preguntas con oraciones completas.

1. ¿Cuál es el primer recuerdo que tienes de tu <u>tierna infancia</u>?

_____

_____

2. ¿En qué ocasiones se queda <u>muda</u> la gente?

_____

_____

3. ¿Cuánto tiempo ha <u>transcurrido</u> desde las últimas vacaciones escolares?

_____

_____

Mejora tu vocabulario

D. Forma adjetivos y sustantivos con los sufijos dados. Consulta un diccionario si es necesario.

-illo(a), -ito(a) adjetivos y sustantivos	-idad, -dad, -ía sustantivos	-ción, -ada, -da sustantivos	-able, -ible adjetivos
1. _____	3. _____	5. _____	7. _____
2. _____	4. _____	6. _____	8. _____

E. Ahora escribe un párrafo breve que tenga sentido en el que incluyas al menos cuatro de estas palabras.

_____

_____

_____

_____

_____

_____

_____

Gramática

El imperfecto de subjuntivo en cláusulas nominales

A. Completa este crucigrama con el imperfecto de subjuntivo de los verbos según las personas dadas.

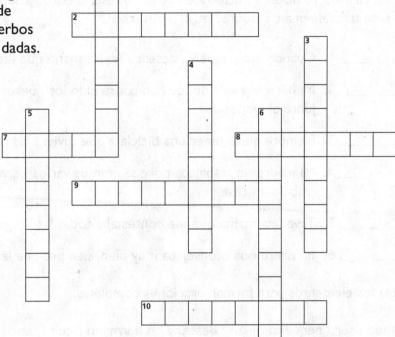

Horizontal

2. poner (tú)

7. ir (usted)

8. poder (él)

9. haber (vosotros)

10. ser (nosotros)

Vertical

1. saber (yo)

3. sentir (tú)

4. mover (ustedes)

5. tener (ellos)

6. querer (nosotros)

B. Completa el párrafo con el imperfecto de subjuntivo o de indicativo según el contexto.

El padre quería que su hijo **1.** (crecía/creciera) en libertad y se **2.** (enfrentaba/enfrentara) por él mismo a los peligros de la vida. Creía que **3.** (era/fuera) importante confiar en su hijo y en su habilidad. Además, nunca imaginó que su hijo **4.** (podía/pudiera) tener problemas en el bosque. Es cierto que a veces temía que le **5.** (sucediera/sucedía) algo malo, pero enseguida pensaba que sólo **6.** (era/fuera) preocupación paternal. Era difícil, siendo viudo, no sobreprotegerlo, pero pensaba que eso **7.** (podía/pudiera) dañar el carácter de su hijo.

Gramática

COLECCIÓN 5 • GRAMÁTICA

El imperfecto de subjuntivo en cláusulas adjetivas y adverbiales

C. Subraya la cláusula principal y encierra entre paréntesis la cláusula subordinada. Escribe al lado si se trata de una cláusula adjetiva o adverbial.

_____1. Cuando era pequeña, deseaba un hermano que fuera mayor que yo.

_____2. Mi hermana vive donde han construido los nuevos apartamentos junto al mar.

_____3. Siempre quise tener una bicicleta que tuviera las ruedas muy grandes.

_____4. Mi madre no trabajaba porque éramos varios hermanos y había mucho trabajo en casa.

_____5. Tuve una mamá que me contestaba todas las preguntas que yo le hacía.

_____6. Mi padre nos aconsejaba muy bien, siempre que le pedíamos consejo.

D. Combina los elementos para formar oraciones completas.

1. cuando / ser / pequeño / Juan / desear / un hermano / que / tener / su misma edad

2. nunca / tener (él) / un amigo / que / vivir / cerca / de su casa

3. ¿querer (usted) / unos padres / que / responder / a todas sus preguntas?

4. desear (nosotros) / vivir / en un lugar / que / tener / monte y mar

5. pensar (ella) / comprar / un coche / tener / cinco puertas

E. Completa las oraciones usando el imperfecto de subjuntivo.

1. Había llegado el verano. Jorge se entusiasmaba con una nueva posibilidad de que su

   padre (acercarse) _____.

2. Iba a estar con su padre aunque le (parecer) _____.

3. Bastó con que (proponerse) _____.

4. Determinó que vería a su padre en el verano mientras

   (permanecer) _____.

5. Quiso llamarlo para que (saber/él) _____.

6. Hizo los preparativos del viaje: compró un pasaje de avión antes de que

   (ser) _____.

Gramática

Las oraciones condicionales y el imperfecto de subjuntivo

F. Completa las oraciones con tus propias ideas. Usa el imperfecto de subjuntivo o el condicional según corresponda.

1. Si los padres se pusieran en el lugar de sus hijos, _____
   _____ .

2. Si los hijos intentaran entender un poco a los padres, _____
   _____ .

3. No habría tantos problemas entre padres e hijos si _____
   _____ .

4. Si los padres tuvieran más tiempo libre, _____
   _____ .

5. Habría más comunicación entre padres e hijos si _____
   _____ .

G. Completa las oraciones con el imperfecto de subjuntivo o el condicional de los verbos en paréntesis según el contexto.

1. Si no la _____ (considerar) una actividad atroz, yo _____
   (disfrutar) mucho de la caza.

2. Me _____ (engañar) si _____ que, de ser indiscriminada
   la caza, las especies amenazadas no podrían subsistir.

3. Por extraño que parezca, hay personas que lo _____ (hacer) sin
   remordimientos, si no _____ (existir) leyes que prohibieran la caza.

4. Todos nosotros _____ (ser) cómplices mudos si no
   _____ (emprender) actos en defensa de la fauna.

5. Finalmente, si la mayoría de la gente _____ (tomar) conciencia de las
   desgracias que podrían evitarse con sólo adoptar una actitud responsable, la Humanidad
   _____ (poder) tener confianza en un futuro mejor.

COLECCIÓN 5 • CULTURA

Cultura y comparaciones

Sabor culinario del mundo hispano

A. Indica si las siguientes oraciones son **a) ciertas** o **b) falsas.**

_____ **1.** El arroz forma parte de muchos platos típicos del mundo hispano.

_____ **2.** Los mangos sólo se comen frescos y en jugos.

_____ **3.** El maíz es el ingrediente principal del tamal.

_____ **4.** Hay dos tipos de tortilla: una se hace con huevos y la otra con harina.

_____ **5.** Lo primero que se ofrece a una visita es un tazón de chocolate con leche.

B. Explica brevemente la importancia de estos alimentos en relación con la cocina del mundo hispano.

1. El maíz _____

2. Las frutas _____

3. Los mariscos _____

4. Las empanadas _____

5. El café _____

C. Contesta las siguientes preguntas.

1. Da dos ejemplos de platos que tengan arroz entre sus ingredientes y dos ejemplos de platos que tengan maíz entre sus ingredientes.

_____

_____

2. Compara la cocina hispana y la de la región en la que vives. Busca similitudes y diferencias.

_____

_____

_____

Ortografía

Letra y sonido

A. Completa las palabras con **g** o **j**.

1. esco___o
2. diri___imos
3. via___ero
4. ___imnasta
5. ___eología
6. ___amón

7. ___ente
8. ___unio
9. reli___ión
10. ___eneral
11. astrolo___ía
12. ele___í

B. Completa las oraciones con **g** o **j**.

1. Tradu___o el poema de Juan Ramón del español al inglés.

2. Fueron a México y tra___eron una escultura de un dios.

3. El guía nos condu___o hasta el interior de la cueva.

4. El avión que se diri___ía a Nueva York ha sido cancelado.

5. No nos di___eron que esco___iéramos el menú.

6. Nadie sabía que él fuera tan poco ___eneroso.

7. La ___ornada de trabajo fue intensa y productiva. A todos les pareció muy bueno

    el con ___unto de actividades pro___ramadas.

C. Ordena las letras de las siguientes palabras y escríbelas en los renglones de la derecha. Luego ordena las letras que están dentro de cada círculo para encontrar la respuesta a la siguiente pregunta: ¿Cómo se llama una ciudad del sur de España que da nombre a un tipo de bebida?

1. ANUJ   ◯ __ __ __

2. UNGERDIO   __ __ ◯ __ __ __ __ __

3. UJZE   __ __ __ ◯

4. ALNEG   __ __ __ ◯ __

5. TTRAJEA   __ __ __ __ ◯ __ __

Taller del escritor

Un guión

Vas a escribir el guión de «El hijo». Imagina que te han encargado que adaptes este relato para la televisión. Vas a escribir sólo la primera parte del guión, el fragmento en el que el padre y el hijo están juntos en casa, el hijo se despide y el padre le da las recomendaciones.

Recuerda que en un guión debes incluir no sólo el diálogo sino también las acciones, es decir, lo que hacen los personajes y lo que sucede en general. Ejemplo: El padre pasa la mano por la cabeza de su hijo, el hijo sale y cierra la puerta, etc.

_____
_____
_____
_____
_____
_____
_____
_____
_____
_____
_____
_____
_____
_____
_____
_____
_____
_____
_____
_____
_____
_____

COLECCIÓN 6

El poder de la palabra

A Julia de Burgos • Julia de Burgos

Comprensión del texto

A. Escoge la frase de la segunda columna que complete cada frase de la primera columna, según el contexto.

_____ **1.** Las dos personas que aparecen en el poema...

_____ **2.** Quien muestra su corazón...

_____ **3.** El sol le pinta la cara y la piel y...

_____ **4.** Sé libre, vive feliz y no te preocupes...

_____ **5.** Donde hay muchas personas, no es fácil alzar la voz...

_____ **6.** No todas las flores son del mismo color,...

_____ **7.** En las personas hay valores internos que...

_____ **8.** En ella solamente manda su propio corazón...

a. el aire le riza los cabellos.

b. y su propio pensamiento.

c. por lo que piensen o puedan pensar los demás.

d. son distintas y entre ellas hay muchas diferencias.

e. no se ven como las alhajas, pero que tienen más valor.

f. ni tienen el mismo olor, ni nacen en el mismo lugar.

g. para decir y expresar lo que se piensa.

h. es sincero y no esconde hipocresías.

B. Piensa a qué descripción de personaje corresponden las siguientes palabras: a Julia la persona o a Julia la poetisa.

1. casera _____

2. jugarse _____

3. pensamiento _____

4. hipocresía _____

5. prejuicio _____

6. sumisa _____

COLECCIÓN 6 · LECTURA

Lectura

A Julia de Burgos

Análisis del texto

C. La escritora contrasta el «tú» y el «yo», y un cierre o final. En cada círculo del siguiente diagrama de Venn describe el «tú» y el «yo» de la autora, y en el óvalo del medio haz una lista de características que puedan tener en común los dos personajes, si las hay.

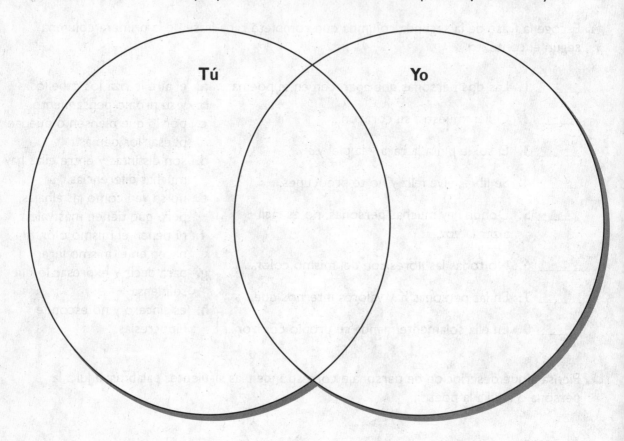

Tú

Yo

D. Contesta las siguientes preguntas con oraciones completas.

I. El contraste de las dos personalidades es el conflicto entre el yo y el tú. En dos o tres oraciones, describe con tus propias palabras ese conflicto.

_____

_____

_____

2. ¿Qué aspectos de la personalidad tienen en común la poetisa y el otro yo? ¿Crees que son mayores las diferencias que las similitudes entre ellas?

_____

_____

Vocabulario

A Julia de Burgos

Vocabulario en contexto

A. Busca la definición que corresponda a cada una de las palabras.

_____ 1. abismo

_____ 2. tenderse

_____ 3. deber

_____ 4. cura

_____ 5. olfatear

_____ 6. alhaja

a. buscar por el olor

b. joya

c. lugar muy profundo

d. tener deudas

e. sacerdote católico

f. extenderse, colocarse

B. Escribe en los espacios en blanco el antónimo que mejor corresponda a las palabras subrayadas. Cambia la forma de la palabra si es necesario.

Palabras: rizarse, mandar, sumiso, atado, fatal, clavado, viril, desnudarse, injusticia, inhumano

_____ 1. Pasó toda la tarde en la peluquería para alisarse el pelo.

_____ 2. Cuando salí de la tienda encontré al perro suelto con cara triste.

_____ 3. No me molesta que me obedezcan, pero me molesta que me griten.

_____ 4. Llegó a casa, se vistió y se metió en la bañera.

_____ 5. La muerte es un acontecimiento evitable.

_____ 6. La manija de la puerta está bien suelta.

_____ 7. Los jueces no deberían cometer ninguna justicia si aplican bien las leyes.

_____ 8. Los cazadores creyeron que era bueno dejar morir al pobre animal herido.

_____ 9. Sus actitudes son demasiado femeninas y a veces resultan molestas.

_____ 10. Todos creen que es un muchacho rebelde, obediente y disciplinado.

Vocabulario

A Julia de Burgos

C. Combina cada trío de palabras en una o dos oraciones que formen una idea.

1. alborotado, banquete, olfatear

_____

_____

2. alzarse, el qué dirán, esencia

_____

_____

3. dejar atrás, pintarse, casino

_____

_____

Mejora tu vocabulario

D. Completa las siguientes comparaciones con las palabras dadas.

_____ **1.** Ser terco como...   **a.** el agua.

_____ **2.** Partírsele a uno...   **b.** risa.

_____ **3.** Ser más duro que...   **c.** una piedra.

_____ **4.** Más claro que...   **d.** el alma.

_____ **5.** Morirse de...   **e.** una mula.

E. Explica lo que simbolizan las cenizas y la tea en el poema de Julia de Burgos. ¿Qué metáforas habrías usado tú para aludir a las mismas ideas?

_____

_____

_____

_____

_____

_____

_____

Gramática
A Julia de Burgos

El pluscuamperfecto de subjuntivo en cláusulas nominales

A. Completa las oraciones con el pluscuamperfecto de subjuntivo de los verbos dados.

1. No creyó que la novela se _____ (escribir) en el siglo XVI.

2. Le dolió que _____ (nosotros/estar) mejor en el café que en casa.

3. Nunca consideré que _____ (tú/ir) a otro país a trabajar.

4. Ojalá su marido _____ (ser) más feliz viviendo en el pueblo.

5. No estaba segura de que a ella le _____ (gustar) tener dinero para ayudar a los más necesitados.

6. Se puso triste de que en la guerra _____ (haber) tantos muertos.

B. Para cada una de las siguientes oraciones, escribe una reacción usando una de las expresiones dadas y el pluscuamperfecto de subjuntivo.

Expresiones: Me alegró que..., Me molestó que...,

Me pareció bueno/malo que..., Me sorprendió que...

MODELO   Llegué tarde al concierto porque las calles estaban bloqueadas por una manifestación.

Me pareció malo que las calles hubieran estado bloqueadas por una manifestación.

1. Me dijeron que Ricardo había solicitado un empleo para trabajar de espía.

_____

2. Siempre quiso ser poeta y finalmente logró escribir algunos versos.

_____

3. Cuando terminó la guerra, muchos funcionarios como Ricardo fueron despedidos.

_____

4. Ricardo decidió retomar su escritura poética.

_____

5. Publicó una antología de mucho éxito, que llegó a tener ocho ediciones.

_____

Gramática

El pluscuamperfecto de subjuntivo en oraciones condicionales

C. Escoge la frase de la segunda columna que mejor complete cada frase de la primera columna, según el contexto.

_____ **1.** Si hubiera sabido que te gustaba Chayanne...

_____ **2.** No habría habido un incendio tan terrible…

_____ **3.** Si hubiéramos tenido un jardín...

_____ **4.** Me habría apuntado mucho antes a la obra…

_____ **5.** No habría tenido tantos problemas con el latín…

_____ **6.** Si hubiéramos ahorrado dinero…

_____ **7.** No te habría comprado una bicicleta…

_____ **8.** Si te hubiera conocido antes…

a. habríamos podido viajar a la Patagonia.

b. si me hubieran dicho que el teatro era tan divertido.

c. te habría prestado sus discos.

d. si no hubieran encendido un fuego en el bosque.

e. si hubiera sabido que nunca ibas a montar.

f. me habría enamorado de ti igualmente.

g. si el año pasado hubiera estudiado más.

h. habríamos plantado árboles frutales.

D. Completa el siguiente mensaje electrónico con la forma correcta de los verbos dados.

| Redactar | Borrar | Elija carpeta | Reenviar | Responder | Responder a todos | Internet |

Querido Antonio:

He venido unos días al mar con la familia de Marta. No pude ir a tu fiesta de

graduación. Espero que no te **1.** _____ (molestar). Me

2. _____ (gustar) despedirme de ti y desearte suerte. Te llamé

repetidas veces, y nunca pude hablar contigo. Te habría llamado al celular, si

3. _____ (tener) tu número nuevo. Me invitó Marta a pasar unos días

con su familia y me apeteció mucho el plan. ¿Qué **4.** _____ (hacer) tú

en mi lugar? ¿**5.** _____ (dejar) pasar una situación tan maravillosa

como ésta? Estoy seguro de que **6.** _____ (decidir) hacer lo mismo

que yo.

Un abrazo,

Roberto

Gramática

A Julia de Burgos

La voz pasiva y la pasiva refleja

E. Combina los elementos para formar oraciones en voz pasiva o pasiva refleja.

MODELO   necesitar / secretaria bilingüe **Se necesita secretaria bilingüe.**

1. alquilar / habitaciones _____.

2. detener / ayer / a los ladrones / antes de que / salir del banco _____.

3. la guerra / terminar / porque / ambos bandos / agotar / fuerza militar_____.

4. deber / cuidar / los bosques_____.

F. Contesta las siguientes preguntas con voz pasiva o pasiva refleja.

1. ¿Está permitido fumar en los aviones?

_____

2. ¿Cuántas injusticias comenten los gobernantes?

_____

3. ¿Sabes dónde puedo encontrar una casa para alquilar?

_____

G. Escribe las siguientes oraciones en voz pasiva o en pasiva refleja.

1. Los países occidentales consumen mayor cantidad de carne.

_____

2. Él no escribió los poemas más famosos, sino su esposa.

_____

3. Ellos realizarán estudios para determinar las causas del deterioro de la Mona Lisa.

_____

4. Hallaron una cabeza olmeca colosal de 4 toneladas en México.

_____

Ortografía

A Julia de Burgos

Signos de puntuación

A. Escribe los signos de puntuación que falten en las siguientes oraciones. Escribe mayúsculas cuando sea necesario.

1. Con un dolor de cabeza terrible fui al baño me lavé las manos con toda calma y ya tranquilo regresé al sillón

2. Sí sí y mil veces sí lo amó desde esa noche para siempre

3. Los trapos están por el suelo increíble volví a palpar la estatua se ha endurecido pero no vuelve a la piedra

4. Cómo quieres que me sienta pues muy mal

B. Completa el siguiente párrafo con los signos de puntuación que falten. Usa signos de interrogación y exclamación cuando sea necesario.

Estoy muy contenta con mi grupo de amigos todos tenemos los mismos gustos no nos cuesta decidir qué hacer los fines de semana por ejemplo a todos nos gusta la música pop y vamos siempre a bailar a Club 24 digo a todos excepto a Laura que llega siempre tarde nos saluda y se queda a charlar un poco luego por las tardes nos gusta salir en bicicleta los días de sol cuando el tiempo está feo nos reunimos y jugamos a las cartas al ajedrez o al ping pong qué bien que la pasamos juntos nos reímos y hacemos bromas todo el tiempo y tú tienes un grupo con que compartir tu tiempo libre

C. Escribe los signos de puntuación que falten en la siguiente carta. Divide el texto en párrafos si es necesario.

Estimados padres nos dirigimos a ustedes para comunicarles que la reunión de padres se postergará para el día 24 de abril como ustedes ya saben los alumnos ya habrán comenzado con su actividad de investigación la dirección les solicita que asistan a la reunión con la siguiente información tema de investigación correspondiente a su(s) respectivo(s) hijo(s) medios de investigación que se desean emplear modo en que serán empleados el objetivo de la reunión es orientar y apoyar a todos los padres en la ayuda que éstos aporten a sus hijos en este proyecto de investigación sin más los esperamos y saludamos La Dirección

de Don Quijote de la Mancha • Miguel de Cervantes Saavedra

Comprensión del texto

A. Indica si las siguientes oraciones son **a) ciertas** o **b) falsas** de acuerdo con la lectura de «Don Quijote de la Mancha».

_____ 1. La mayoría de los días del año Don Quijote estaba ocioso.

_____ 2. El autor que menos le gustaba era Feliciano de Silva.

_____ 3. Don Quijote era un loco que se volvió cuerdo con la lectura.

_____ 4. Se le llenó la cabeza de fantasía de dormir poco y leer mucho.

_____ 5. El cura y el barbero también leían novelas de caballerías.

B. Primero completa las oraciones con la palabra que falte. Cambia la forma de la palabra si es necesario. Luego numera las oraciones de 1 a 7 en el orden en que ocurrieron en «Don Quijote de la Mancha».

asentar	enfrascarse	ejercitarse	juicio
ocioso	gusto	desvelarse	herida

_____ **a.** En sus ratos _____ este hidalgo se daba a leer libros de caballerías.

_____ **b.** Se le llenó la cabeza de todas las aventuras que leía: batallas, desafíos, amores, _____ y tormentas.

_____ **c.** Creyó conveniente hacerse caballero y _____ en todo aquello que él había leído que los caballeros andantes hacían.

_____ **d.** Llegó a _____ tanto en la lectura que se le pasaban los días y las noches y finalmente se le secó el cerebro.

_____ **e.** Lo hacía con tanto _____ que se olvidaba de la caza y de su hacienda.

_____ **f.** Se le _____ en la cabeza de tal manera esta ficción que para él no había otra historia más cierta que esa fantasía.

_____ **g.** Cuando leía a Feliciano de Silva, _____ por entender su prosa y a veces perdía el _____.

Lectura
de Don Quijote de la Mancha

Análisis del texto

C. Piensa en el personaje central del relato. En el óvalo de la izquierda, describe su apariencia física, su entorno familiar y social, su personalidad y su afición. En el óvalo de la derecha, describe en lo que se convirtió y el efecto de su afición. Usa palabras y frases para describirlo.

Don Quijote

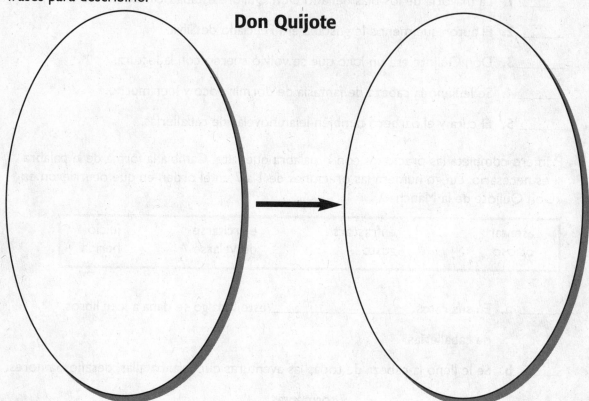

D. Contesta las siguientes preguntas con oraciones completas.

1. ¿En qué clase de fantasía creía Don Quijote? ¿Crees que su causa era justa?

_____

_____

2. ¿Qué crítica de la época hace Cervantes en su texto? Justifica tu respuesta.

_____

_____

3. ¿Piensas que hay otros Don Quijotes en la sociedad actual con sus particulares causas?

_____

_____

Vocabulario
de Don Quijote de la Mancha

Vocabulario en contexto

A. Busca la definición que corresponda a cada una de las palabras.

_____ 1. cobrar
_____ 2. curar
_____ 3. soberbio
_____ 4. enjuto
_____ 5. llorón
_____ 6. docto

a. que tiene mucho orgullo o que lo muestra
b. flaco, delgado
c. recibir algo a cambio, obtener algo como pago
d. sanar, devolver la salud
e. sabio, experto
f. que llora mucho y con facilidad

B. Completa las siguientes oraciones con la palabra que corresponda. Cambia la forma de la palabra si es necesario.

| enfrascarse | juicio | cicatriz |
| ensillar | desentrañar | disparate |

1. Compró todos los libros que pudo y _____ en su lectura.
2. No dormía por _____ el sentido de aquellas novelas.
3. Se le llenó la cabeza de fantasías y _____.
4. Se imaginaba con el cuerpo y el rostro lleno de _____.
5. Ya había perdido su _____ cuando le pareció necesario hacerse caballero andante.
6. Decidió _____ su caballo e irse por el mundo en busca de aventuras.

C. Completa las siguientes oraciones con la palabra que corresponda según el contexto. Cambia la forma de la palabra si es necesario.

Palabras: verosímil, curar, disparate, alabar, herida, agravio

1. Las palabras son poderosas. Con ellas _____ pero también expresamos _____.
2. Las palabras pueden dejar _____ imposibles de _____, sobre todo, palabras que se oyen en la infancia.
3. Es _____ la idea de que cuanto más rico nuestro vocabulario, mejor nuestra percepción del mundo.
4. Son tantos los _____ que se pueden decir con el lenguaje cuando no pensamos. Muchas verdades bellas también se dicen a través del lenguaje.

Vocabulario de Don Quijote de la Mancha

D. Contesta las siguientes preguntas con oraciones completas.

I. ¿Crees que Don Quijote de la Mancha se hizo caballero porque era <u>soberbio</u>?

_____

2. ¿Qué significa disponer uno de una situación <u>acomodada</u>?

_____

3. ¿Qué <u>conjeturas</u> haces acerca del futuro del hombre?

_____

4. ¿Crees que es <u>verosímil</u> volverse loco por leer muchos libros de aventuras?

_____

Mejora tu vocabulario

E. Busca la definición que corresponda a cada una de las siguientes hipérboles.

_____ **I.** Más pálido que un muerto   **a.** decir muchas mentiras

_____ **2.** Miente más que habla   **b.** ser muy pobre

_____ **3.** Estar más claro que el agua   **c.** estar muy cansado, agotado

_____ **4.** No tener dónde caerse muerto   **d.** estar demasiado pálido

_____ **5.** Estar muerto   **e.** ser fácil de entender, sin complicaciones

F. Escoge tres expresiones del ejercicio anterior y escribe un párrafo breve que tenga sentido.

_____

_____

_____

_____

_____

_____

_____

_____

Nuevas vistas Curso de introducción

Gramática   de Don Quijote de la Mancha

El infinitivo, el gerundio y el participio

A. Completa las siguientes oraciones con las formas de infinitivo, gerundio o participio del verbo que corresponda según el contexto.

Verbos: leer, enfrascar, deshacer, perder, desentrañar, vender

1. Pasaba el día y la noche _____ libros de caballerías.

2. _____ sus tierras era el método más efectivo que se le ocurrió

   para comprarse libros.

3. _____ el sentido de las novelas le hizo perder el juicio al

   pobre caballero.

4. Había leído que los caballeros andantes iban _____ todo género

   de agravios.

5. _____ en las lecturas, se pasaba la noche sin dormir.

6. _____ la razón, se fue por el mundo con sus armas y su caballo

   a buscar aventuras.

B. Completa el siguiente mensaje con la forma correcta de infinitivo, gerundio o participio.

Queridos amigos:

Quería **1.** _____ (contar/ a ustedes) algo de nuestro maravilloso viaje

por España. Ahora seguimos **2.** _____ (visitar) Andalucía y

3. _____ (conocer) la zona de la costa de Almería. Vamos a

4. _____ (recorrer) los pueblos poco turísticos, con playas de arena

fina y mar azul donde podamos **5.** _____ (practicar) la pesca

submarina. ¡Cómo nos gusta **6.** _____ (bucear)! Todas las mañanas, una

vez **7.** _____ (decidir) la ruta que vamos a **8.** _____

(hacer), salimos en busca de aventuras. **9.** _____ (descubrir) nuevos

lugares es lo que más nos motiva en las vacaciones. Lo **10.** _____

(desconocer) para nosotros es el clima seco y el paisaje árido y maravillosamente salvaje.

Pedro

Gramática

de Don Quijote de la Mancha

La correlación de los tiempos verbales en presente

C. Completa el párrafo con los tiempos verbales que corresponda.

Queridos padres:

Me alegro mucho de que **1.** _____ (ir/ ustedes) a conocer San Francisco.

Supongo que ya le **2.** _____ (ustedes/anunciar) a la abuela su visita y me

imagino que ella ya **3.** _____ (estar) impaciente esperando que llegue el

momento de tener a todos reunidos. Díganle que **4.** _____

(acordarse/yo) mucho de ella y que tan pronto como **5.** _____

(yo/poder), también **6.** _____ (yo/ir) a visitarla. Espero que

7. _____ (ustedes/divertirse) y que **8.** _____

(ustedes/disfrutar) mucho.

Alejandra

D. Vuelve a escribir las siguientes oraciones comenzando con la frase dada.

MODELO: Quiero presentarme al concurso de poesía.

A su hermana le molesta que quiera presentarse al concurso de poesía.

1. El fin de semana hará los ejercicios.

Ella dice que _____.

2. El doctor me ha recetado un buen remedio para la gripe.

Estoy contenta de que _____.

3. Las motocicletas son muy peligrosas.

Mis padres opinan que _____.

4. Todos sus alumnos han superado la prueba.

El profesor desea que _____.

5. Ella me ha criticado siempre y lo seguirá haciendo.

Me irrita que _____.

Gramática ·········· de Don Quijote de la Mancha

La correlación de los tiempos verbales en pasado

E. Completa el párrafo con los tiempos verbales que corresponda.

Don Quijote estaba contento de que ya **1.** _____ (salir) el sol. Ya estaba

vestido cuando le vinieron a la memoria los consejos de que **2.** _____ (deber)

llevar consigo dinero y camisas. Determinó volver a su casa y prepararse. Hizo que

Rocinante, su caballo, **3.** _____ (caminar) hacia su aldea. Parecía que el

caballo no **4.** _____ (poner) los pies en el suelo. No había andado mucho

cuando le pareció que de la espesura de un bosque **5.** _____ (salir) unas

voces delicadas, como de persona que **6.** _____ (quejarse). Don Quijote dijo

que **7.** _____ (dar) gracias al cielo por ponerle ocasiones delante, donde

8. _____ (poder) cumplir con lo que **9.** _____ (deber) a su

profesión. Pensó que esas voces **10.** _____ (ser) de alguna persona que

11. _____ (necesitar) su ayuda. Vio atado a un muchacho y a un labrador

que lo azotaba. Se indignó de que el pobre muchacho **12.** _____ (sufrir)

semejante tormento. El labrador explicó a Don Quijote que **13.** _____

(castigar) a su criado porque no le **14.** _____ (cuidar) bien las ovejas.

F. Completa las siguientes oraciones con la conjugación correcta de los verbos en paréntesis, según el contexto.

1. Prefirió que vinieras a su casa por la tarde y la _____ (acompañar).

2. Se entristeció cuando finalmente _____ (tú/decidir) aplazar tu visita.

3. Pensé que era mejor decírselo para que lo _____ (saber).

4. Nunca _____ (meter) una tortuga en casa si hubiera sabido que se comería mis plantas.

5. No creía que te _____ (gustar) la música clásica. A nosotros nos gustan los conciertos de piano.

6. El programa que _____ (dar) en televisión anoche_____ (estar) buenísimo.

7. El conductor _____ (ser) multado por los agentes tan pronto se supieron los detalles del accidente

8. Sería más útil si tú me _____ (explicar) cómo resolver el problema.

Cultura y comparaciones

Arte del mundo hispano: el muralismo

A. Indica si las siguientes oraciones son **a) ciertas** o **b) falsas.**

_____ **1.** El movimiento muralista se inició en Perú, después de la Revolución de 1910.

_____ **2.** En alguno de sus murales Diego Rivera presenta la vida de los indígenas, su religión y sus costumbres.

_____ **3.** La fachada de la biblioteca de la Universidad Nacional Autónoma de México fue diseñada por Joan Miró.

_____ **4.** En el Valle de Vinales está el «Mural de la Prehistoria», obra de un artista cubano.

_____ **5.** El movimiento muralista que nació en México se extendió después a otros países latinoamericanos.

B. Explica brevemente qué temas representan los murales de los siguientes artistas.

1. Diego Rivera _____

2. Juan O' Gorman _____

3. Leovigildo González _____

4. Juan Bravo _____

5. Joan Miró _____

C. Contesta las siguientes preguntas.

1. ¿Por qué crees que es importante el tema que recogen en su obra los muralistas

hispanoamericanos? ¿Qué tienen en común los murales de estos artistas?

_____

_____

2. ¿Cuál crees que es la perspectiva social revolucionaria de la obra de Diego Rivera?

_____

_____

_____

Ortografía   de Don Quijote de la Mancha

Letra y sonido

A. Completa las palabras con **r** o **rr**.

1. ___eco___da___
2. ___equieb___os
3. na___ación
4. ___ocinante

5. co___edo___
6. mad___ugado___
7. ag___avio
8. eje___cita___se

9. hon___aba
10. ___esucita___
11. ba___be___o
12. Inglate___a

B. Completa las oraciones con **r** o **rr**.

1. Son___ió, pe___o su ___ost___o most___ó su ho___o___.

2. Comp___ó un ca___o ma___ón muy ca___o.

3. En___ique no que___á i___ a t___abaja___ a Is___ael.

4. ___esulta___ía i___eal que ___usia tuvie___a un ___ey.

5. El ___ecto___ de la Unive___sidad sub___ayó las no___mas del ___eglamento.

6. Nos most___a___on la a___madura de hie___o de En___ique de Nava___a.

C. Completa las oraciones con la palabra que corresponda.

1. Los domingos canto en el (coro/corro) de la iglesia.

2. Conducía un (caro/carro) deportivo de color amarillo.

3. ¡(Mira/Mirra) cómo te has ensuciado la camisa!

4. Los fines de semana (coro/corro) por el parque con un amigo.

5. Digo que voy a estudiar más, (pero/perro) no puedo hacerlo.

6. A muchos les gusta poner (corales/corrales) verdaderos en sus acuarios.

7. Los Reyes Magos (honraron/honrraron) al recién nacido con oro e incienso.

8. Ató al (perro/pero) a un árbol de la calle y entró a la tienda.

9. Hubo mucho alboroto cuando las gallinas se escaparon del (corral/coral).

10. No creo que pueda comprar el televisor. Es demasiado (caro/carro) para mí.

Taller del escritor

· ·

La poesía

Vas a escribir un poema que exprese un sentimiento sencillo. Puedes seguir las siguientes sugerencias o escribirla libremente.

1. Busca la idea: piensa en una imagen, un concepto o paisaje que consideras interesante y escribe la palabra. **2.** Descríbelo con dos adjetivos. **3.** Escribe tres verbos que describan las acciones relacionadas con el objeto o la imagen elegida. **4.** Escribe una frase de 4 ó 5 palabras referidas al objeto o la idea elegida. **5.** Para "el cierre" busca una palabra que resuma o defina lo que has escrito antes.

¡Ojo!

En el verso, usa las palabras de un modo especial, creando un lenguaje figurado que produzca extrañeza y admiración. Puedes emplear la metáfora y la comparación, la hipérbole y la repetición.

_____

_____

_____

_____

_____

_____

_____

_____

_____

_____

_____

_____

_____

_____

_____

_____

_____

_____

_____

Lo esencial de la gramática

• •

Esta sección es un repaso de los temas gramaticales presentados o simplemente mencionados en su libro de texto. La sección contiene conceptos y categorías gramaticales, desde muy básicos hasta muy avanzados, seguidos por actividades de práctica.

El sustantivo

Se llama **sustantivo** a la palabra que sirve para señalar a una persona, un lugar, una cosa o un concepto.

piedra   gente   libertad   México   esperanza   José

El género de los sustantivos

Todo sustantivo en español tiene género. El género es una clasificación gramatical que permite determinar si el sustantivo es *femenino* o *masculino*. El género se indica por medio del artículo que le corresponde. Los artículos **el, los, un** y **unos** señalan sustantivos masculinos. Los artículos **la, las, una** y **unas** señalan sustantivos femeninos.

El número en los sustantivos

El número es la variante que permite distinguir si se trata de un solo objeto: *singular*; o de varios: *plural*. El singular no tiene una señal que lo identifique. El plural se forma añadiendo **s** o **es** al singular.

- Agregan **s** los sustantivos terminados en vocal no acentuada.

   libro → libros   carta → cartas   ola → olas

- Agregan **es** los sustantivos terminados en consonante o vocal acentuada.

   papel → papeles   maní → maníes   luz → luces

- Son excepciones:

   mamá → mamás   té → tés

   papá → papás   café → cafés

- Las palabras agudas terminadas en **s** o **x** no cambian al pasar al plural.

   (el) martes → (los) martes   (la) crisis → (las) crisis

   (el) tórax → (los) tórax

- Algunos sustantivos mantienen la tilde al añadir **es**, otros no. Plurales para recordar:

   régimen → regímenes   carácter → caracteres

I. Une los sustantivos de la primera columna con su correspondiente femenino de la segunda.

_____ **1.** el actor   **a.** la actriz

_____ **2.** los jefes   **b.** la hembra

_____ **3.** una nuera   **c.** las jefas

_____ **4.** el macho   **d.** empleadas

_____ **5.** empleados   **e.** un yerno

2. Escribe el plural de los siguientes sustantivos.

1. telaraña   _____   **5.** reloj   _____

2. cruz   _____   **6.** lunes   _____

3. domingo   _____   **7.** tesis   _____

4. ají   _____   **8.** examen   _____

El artículo definido e indefinido

El artículo es la palabra que determina el género y número del sustantivo. Las formas del artículo definido e indefinido son:

	definido	indefinido
singular masculino	el	un
singular femenino	la	una
plural masculino	los	unos
plural femenino	las	unas

El artículo indefinido se usa cuando se menciona una persona o cosa por primera vez. El artículo definido se usa con persona o cosa ya mencionada, conocida o definida. Ejemplo: Ella vio a **un** hombre que le hacía señas. **El** hombre se le acercó inmediatamente.

Uso del artículo

• Los nombres propios de personas no llevan artículo excepto cuando se emplean en plural: **los** Ramírez, **las** Marías.

• Delante de apellidos de mujer que se desea destacar: **la** Mistral, **la** Storni.

• Delante de adjetivos que a modo de apodos se agregan a nombres: Catalina **la** Grande, Isabel **la** Católica.

• Delante de sustantivos femeninos que comienzan con **a** o **ha** acentuada se usa el artículo **el**: **el** agua, **el** hacha, **el** hambre, **el** águila.

1. Escribe el artículo que corresponda a cada expresión.

   Artículos: los, el, la, un

   _____ 1. recuerdos de la infancia

   _____ 2. alma pura

   _____ 3. García

   _____ 4. mirada penetrante

   _____ 5. día cualquiera

   _____ 6. hada madrina

2. Escribe en los espacios en blanco los artículos que mejor completen la oración.

   1. _____ hombres se ríen siempre de _____ locuras que hacen cuando son jóvenes.

   2. Claudio compró _____ auto importado y pagó _____ precio más caro del mercado.

   3. _____ mañana cualquiera viajaremos hasta _____ ciudad donde nací.

   4. Lo bueno de estar en _____ campo era poder compartir todas _____ tardes juntos.

El pronombre

El pronombre funciona como sustantivo. Se refiere a seres o cosas que ya han sido nombrados o están presentes en el discurso. De esta manera el pronombre evita la repetición del sustantivo.

Yo quiero que **tú** los cuides.

(**yo**: indica quién habla, **tú**: indica a quién se le habla, **los**: indica de quién se habla)

Los pronombres personales

Son los que designan a las tres personas que intervienen en la comunicación. Las formas son:

Singular:
1° persona: yo
2° persona: tú, usted
3° persona: él, ella

Plural:
1° persona: nosotros, nosotras
2° persona: vosotros, vosotras, ustedes
3° persona: ellos, ellas

1. Une las frases de la primera columna con los pronombres correspondientes de la segunda.

1. _____ quiero salir de vacaciones.　　　**a.** usted

2. ¿ _____ sabes la verdad?　　　**b.** Yo

3. _____ son Pedro y Luis.　　　**c.** Ellos

4. Pase _____ a mi oficina.　　　**d.** Tú

2. Completa el diálogo con los pronombres adecuados.

MADRE: **1.** _____ quieren decirme algo, **2.** _____ lo sé. Los

veo un poco tristes. Déjenme adivinar: **3.** _____, Carolina, estás preocupada

porque reprobaste el examen, y **4.** _____, José, te sientes afligido porque

discutiste con tus amigos.

CAROLINA: ¿Cómo haces para saber todo lo que nos sucede a **5.** _____?

JOSÉ: **6.** _____, papá y tú, siempre saben comprendernos.

MADRE: Hablaremos con tu maestra, Carolina. Sé que **7.** _____ te dará otra

oportunidad. Y en cuanto a tus amigos, José, espera que pase el disgusto y acércate otra

vez a **8.** _____; seguro que luego esto será sólo un mal recuerdo.

El adjetivo

Los adjetivos modifican a los sustantivos. Completan el significado del sustantivo calificándolo o determinándolo, y por lo tanto, concuerdan con él en género y número.

hombres **honrados** (masculino, plural)   **primera** parte (femenino, singular)

El adjetivo calificativo

El **adjetivo calificativo** expresa una cualidad del sustantivo que modifica: habitación **luminosa,** lápiz **rojo.**

El género de los adjetivos

Los adjetivos tienen dos formas, una para el masculino y otra para el femenino.

masculino: piado**o**, alt**o**, erguid**o**, diminut**o**   *femenino:* piado**a**, alt**a**, erguid**a**, diminut**a**

Hay adjetivos que tienen una sola forma, la misma para ambos géneros: salvaje, joven, distante, interesante, verde.

El número de los adjetivos

• Los adjetivos tienen formas para adaptarse al número singular o plural de los sustantivos.

cara inocente → cara**s** inocente**s**   buen niño → buen**os** niñ**os**

• Los adjetivos forman sus plurales siguiendo las mismas reglas que los sustantivos. Si en singular terminan en vocal átona, sin acento tónico, agregan **s.**

libre → libre**s**   amplio → amplio**s**   belga → belga**s**

• Si en singular terminan en vocal tónica o consonante, agregan **es.**

marroquí → marroqu**íes**   azul → azul**es**   feliz → feli**ces**

La concordancia del adjetivo con el sustantivo

• El adjetivo referido a dos o más sustantivos va en plural: cielo, paisaje y mar sureñ**os,** canción y copla nostálgic**as.**

• El adjetivo referido a sustantivos de distinto género toma la terminación masculina: vida y modo salvaje**s,** novelas y cuentos antigu**os.**

I. Modifica cada adjetivo de manera que concuerde con el sustantivo o los sustantivos que acompaña.

1. Mi ciudad tiene sus calles _____ (limpio) y _____ (ordenado).

2. Él se lleva mejor con sus amigos más _____ (joven).

3. La comida _____ (italiano) ha sido adoptada por muchos países.

4. Mi jefe de proyectos y mi secretaria son _____ (honesto) y _____ (trabajador).

5. Jorgito trajo un gato a casa, al que le dio agua y comida _____ (fresco).

Los adjetivos posesivos

Los adjetivos posesivos indican pertenencia respecto de las personas. Siempre se colocan antes del sustantivo que modifican, concordando con éste en número y en persona con el poseedor: **mis** libros, **nuestra** vida.

Los adjetivos posesivos son:

	singular (un objeto)	plural (varios objetos)
Para personas del singular:	mi	mis
	tu	tus
	su	sus
Para personas del plural:	nuestro, nuestra	nuestros, nuestras
	vuestro, vuestra	vuestros, vuestras
	su	sus

1. Completa con los adjetivos posesivos según corresponda.

1. No entiendo por qué no te gusta _____ casa. Yo la compré porque tú me la recomendaste.

2. Éste es _____ libro, te lo regalé en la Navidad pasada. ¿No recuerdas?

3. En esta foto está mi familia. Ésta es _____ mamá y la que posa al lado es _____ hermana, mi tía Lidia.

4. Mi amiga Carmen es muy buena bailarina y _____ hijas también lo serán.

5. Ricardo y yo queremos tener un hijo, es _____ mayor deseo.

6. Les agradecemos a ti y a tu familia los regalos enviados y _____ presencia en la reunión.

7. Julia festejó _____ cumpleaños junto a nosotros.

8. Mario debe devolverlos y entender que ésos no son _____ juguetes.

2. Compara tu familia con la de tu mejor amigo(a). ¿En qué se parecen y se diferencian?

_____

_____

_____

Los adjetivos demostrativos

Son **demostrativos** los adjetivos que indican a la vez su proximidad o lejanía respecto de las personas que intervienen en el discurso. Éstos son:

	singular	**plural**
Cerca de la 1° persona:	este, esta	estos, estas
Cerca de la 2° persona:	ese, esa	esos, esas
Lejos de la 1° y 2° personas:	aquel, aquella	aquellos, aquellas

Hoy llegó **esta** carta desde Francia.

Aquellos árboles indican el camino.

Pásame **ese** libro.

1. Indica si el objeto está muy cerca, relativamente cerca o lejos de la persona que habla.

1. Este traje está manchado. _____

2. Aquella casa es la de mis abuelos. _____

3. ¿Nos sentamos en esa mesa? _____

4. ¿Quién es aquel hombre de barba y pelo canoso? _____

5. Esos documentos son confidenciales. _____

6. Estas frutas se ven maduras. _____

2. Imagina que te encuentras dentro de tu cuarto. Descríbelo de tal manera que puedas usar la mayor cantidad de formas del adjetivo demostrativo.

_____

_____

_____

_____

_____

_____

_____

_____

Los adjetivos comparativos

Los adjetivos describen un sustantivo en sí. Un adjetivo comparativo compara la cualidad entre objetos que la posean. Un adjetivo superlativo expresa la cualidad en su máximo o mínimo grado de intensidad.

- Cuando se comparan dos cosas o personas que son desiguales se usa **más/menos que.**

  Los gatos son **más** ágiles **que** los perros. Los perros son **menos** independientes **que** los gatos.

- Se usa **más/menos de** cuando se comparan cantidades concretas o abstractas.

  Esto cuesta **más de** $50. Cuesta **más de** lo que te imaginas.

- Para comparar dos cosas o personas que son iguales o parecidas se usa **tan... como.**

  Estos niños son **tan** traviesos **como** todos.

- Hay ciertos adjetivos cuyos comparativos y superlativos son irregulares.

adjetivo	comparativo	superlativo
bueno	mejor	el mejor de
malo	peor	el peor de
grande	mayor	el mayor de
pequeño	menor	el menor de
alto	superior	--
bajo	inferior	--

Matilde es **mayor que** su hermano. Ellos son **peores que** las fieras.
Es **el mejor de** los potrillos.

1. Completa las oraciones con algún adjetivo del cuadro anterior.

   1. Marcos tiene quince años, pero aparenta ser _____ que su hermano de catorce.

   2. Es _____ comer liviano antes de acostarse para poder dormir bien.

   3. Pude ahorrar dinero y cambiar mi auto por uno de calidad _____ al que tenía.

   4. La nota que obtuvo en su examen fue _____ a la que necesitaba para aprobar.

   5. Ella estaba triste y se sintió aun _____ cuando tuvo que irse.

2. Establece mediante oraciones las tres posibilidades comparativas de los sustantivos dados, **más/menos... que, tan... como,** y la cualidad que los vincula.

   MODELO río/arroyo – profundo: El río es más profundo que el arroyo.

   1. procesador de palabras/máquina de escribir – bueno

   _____

   2. televisión/Internet – interactivo

   _____

   3. arboleda/bosque – pequeño

   _____

   4. el campo/la ciudad – agradable para vivir

   _____

Nuevas vistas Curso de introducción

El verbo

El verbo es la parte de la oración que expresa estado o acción. Según la persona que lo realice y el momento en que lo haga, tomará una forma distinta. Su estructura consta de una **raíz,** generalmente invariable, y una **terminación** que cambia según los accidentes propios del verbo: **modo, tiempo, aspecto, voz, persona** y **número.**

	raíz	terminación
amo	am-	-o
temían	tem-	-ían
partimos	part-	-mos

El modo

El modo indica la actitud del hablante con respecto a la forma en que se realiza la acción del verbo. Los modos son tres: **indicativo, subjuntivo** e **imperativo.** En modo indicativo quien habla enuncia el hecho de manera real y objetiva. En modo subjuntivo quien habla indica el hecho como posibilidad o hipótesis, no como realidad.

El modo indicativo - El tiempo presente

Se usa el presente cuando la acción es simultánea al tiempo en que se enuncia, o para narrar sucesos o hechos que ocurren habitualmente o con cierta frecuencia.

María **tiene** frío. (ahora)

Julián y Tomás **leen** historietas antes de irse a dormir. (habitualmente)

Concordancia del verbo con el sujeto

El verbo debe concordar en persona y número con el sujeto.

Tú dices la verdad. (**Tú:** sujeto, 2° persona singular; **dices:** verbo, 2° persona singular)

Todos somos estudiantes. (**Todos:** sujeto, 1° persona plural; **somos:** verbo, 1° persona plural)

1. Une los sujetos de la primera columna con los verbos de la segunda.

_____ 1. Yo…   **a.** confirman la noticia de la victoria electoral.

_____ 2. Los periódicos… **b.** prefiero tomar café por la mañana.

_____ 3. Esa pintura…   **c.** ¿tienes frío?

_____ 4. Martín…   **d.** refleja la sensibilidad del artista.

2. Completa las oraciones con los verbos en presente.

1. Algunos insectos _____ (tener) alas pero no les _____ (servir) para volar.

2. Yo desde aquí no _____ (ver) cuánta gente hay pero _____ (saber) que son muchos.

3. Ana _____ (llorar) porque se ha caído y su madre la _____ (consolar).

4. Norma, tú _____ (tener) buena memoria, ¿ _____ (recordar) esa fecha?

5. En mi país nosotros _____ (comer) principalmente arroz y pescado.

Los verbos regulares

Se llama regulares a los verbos que en su conjugación mantienen la raíz igual a la de su infinitivo y las terminaciones iguales a la de los verbos modelo. Los verbos modelo del español son:

1° conjugación: am**ar**

2° conjugación: tem**er**

3° conjugación: part**ir**

Conjugación del presente indicativo

	amar	temer	partir
yo	am**o**	tem**o**	part**o**
tú	am**as**	tem**es**	part**es**
él/ella, usted	am**a**	tem**e**	part**e**
nosotros/as	am**amos**	tem**emos**	part**imos**
vosotros/as	am**áis**	tem**éis**	part**ís**
ellos/as, ustedes	am**an**	tem**en**	part**en**

1. Escoge la frase de la segunda columna que mejor complete cada frase de la primera.

_____ 1. Jorge y yo...

_____ 2. Mis vecinos...

_____ 3. La amiga de mi madre...

_____ 4. Aquí los trenes...

_____ 5. Yo...

a. parten siempre a tiempo.

b. escribe libros de misterio.

c. estudiamos abogacía.

d. leo toda clase de literatura.

e. escuchan música a todo volumen.

2. Completa este diálogo telefónico con los verbos en presente de indicativo.

—Hola, **1.** ¿ _____ (yo/hablar) con la casa de la familia Beltrán?

—Sí, pero ellos no **2.** _____ (estar) en casa ahora. ¿Quién los

3. _____ (buscar)?

—Soy el arquitecto Hernández y **4.** _____ (necesitar) comunicarme con ellos,

porque **5.** _____ (yo/creer) que olvidé en su casa un presupuesto que

6. _____ (yo/deber) presentar hoy mismo.

—Es cierto, aquí **7.** _____ (estar/ellos) sus papeles. Los señores no han regresado

aún, pero si usted lo **8.** _____ (desear), puede venir a buscarlos mientras yo

estoy aquí. **9.** _____ (yo/terminar) a mediodía.

—Muchas gracias.

—Por nada. Lo **10.** _____ (esperar).

Los verbos irregulares

Se llama irregulares a los verbos que en su conjugación varían la raíz de su infinitivo, las terminaciones del verbo modelo (amar, temer y partir), o ambas partes a la vez. Los verbos que varían la raíz en el presente, presentan el cambio en todas las personas, excepto en nosotros y vosotros.

- Verbos que cambian la raíz: **e → ie**
  cerrar: ci**e**rro, ci**e**rras, ci**e**rra, cerramos, cerráis, ci**e**rran. Otros verbos como éste son: comenzar, sentarse, defender, despertar, empezar, entender, sentir, hervir, etc.

- Verbos que cambian la raíz: **o → ue**
  contar: c**ue**nto, c**ue**ntas, c**ue**nta, contamos, contáis, c**ue**ntan. Otros verbos como éste son: acordarse, doler, acostarse, forzar, mover, almorzar, sonar, etc.

- Verbos que cambian la raíz: **e → i**
  pedir: p**i**do, p**i**des, p**i**de, pedimos, pedís, p**i**den. Otros verbos como éste son: despedir, medir, repetir, servir, sonreír, vestir.

- Verbos terminados en **-uir,** la **i** cambia a **y**
  huir: h**u**yo, h**u**yes, h**u**ye, huimos, huís, h**u**yen. Otros verbos como éste son: destruir y construir.

- Verbos que cambian sólo en la primera persona del singular
  caber: quepo; **caer:** caigo; **dar:** doy; **hacer:** hago; **satisfacer:** satisfago; **poner:** pongo; **saber:** sé; **nacer:** nazco; **salir:** salgo; **valer:** valgo; **ver:** veo; **estar:** estoy; **conducir:** conduzco; **lucir:** luzco.

- Verbos irregulares propios:

	errar	**ir**	**ser**	**tener**	**venir**
yo	yerro	voy	soy	tengo	vengo
tú	yerras	vas	eres	tienes	vienes
él/ella, usted	yerra	va	es	tiene	viene
nosotros/as	erramos	vamos	somos	tenemos	venimos
vosotros/as	erráis	vais	sois	tenéis	venís
ellos/as, ustedes	yerran	van	son	tienen	vienen

1. Subraya la forma correcta del verbo.

1. Cuando te (sentas/sientas) a la mesa, debes tener las manos limpias.

2. Cuando el agua (hierve/hirve), su temperatura ha llegado a los 100°.

3. Los negocios (cierran/cerran) sus puertas a las ocho en punto.

4. Mi bañera es muy pequeña, no (cabo/quepo) en ella.

5. Siempre das en el blanco, nunca (erras/yerras) el tiro.

2. Completa el texto con la forma correcta del verbo.

Siempre que yo **1.** _____ (querer) ir al cine, mis padres **2.** _____

(sentirse) cansados y **3.** _____ (repetirse) la misma historia:

4. _____ (ellos/decir) que **5.** _____ (yo/salir) mucho, y que no

6. _____ (yo/estudiar) lo suficiente. Pero luego **7.** _____

(ellos/sonreírse), y **8.** _____ (yo/ponerse) contento porque

9. _____ (yo/saber) que siempre me **10.** _____ (ellos/acompañar).

Los verbos *ser* y *estar*

Estos verbos se traducen *to be* en inglés, pero no son intercambiables en español. Cada uno tiene sus aplicaciones propias que diferencian sus significados.

Usos del verbo *ser*

El verbo **ser** expresa lo que es el sujeto con la idea de permanencia, de un estado que no cambia. Describe las características permanentes o estables del sujeto, así como su profesión, origen o nacionalidad, posesión, sustancia, etc.

Malena **es** <u>alta</u>.   Roberto **es** <u>arquitecto</u>.   **Eres** <u>norteamericano</u>.

Somos <u>católicos</u>.   **Eran** <u>sureños</u>.   El coche **es** de <u>Estela</u>.

La casa **es** de <u>piedra</u>.   **Son** las <u>diez</u> de la mañana.   Hoy **es** <u>viernes</u>.

Usos del verbo *estar*

El verbo **estar** se emplea para expresar un estado o una condición, como ubicación permanente o no, condición o estado temporal.

Bogotá **está** en Colombia.   La niña **estaba** en su cuarto.   El hijo **está** enfermo.

Diferencias

ser (permanente, siempre)   **estar** (temporario, ahora)

La mesa **es** blanca.   La mesa **está** servida.

El azúcar **es** dulce.   El café **está** dulce.

---

1. Completa las oraciones con los siguientes verbos, según corresponda.

> **Verbos:** somos, es, está, son, soy, están

1. _____ muy tarde y me marcho.

2. Hoy hace calor y la gente _____ en la playa.

3. Lucas y Leandro _____ simpáticos a primera vista.

4. Los ejercicios _____ bien: los estudiantes entendieron la lección.

5. Nosotros _____ norteamericanos.

6. Me llamo Humberto Estrada y _____ el profesor de historia.

2. Completa con los verbos **ser** o **estar** según corresponda.

1. _____ temprano y el día **2.** _____ hermoso. Un señor camina

por las calles de Santiago y pasa por una tienda que **3.** _____ llena de

antigüedades y baratijas. Casi todos los objetos **4.** _____ en malas condiciones.

Entra y compra un violín que **5.** _____ muy viejo y **6.** _____ roto.

El señor y su esposa **7.** _____ coleccionistas de arte y saben de su valor artístico.

El verbo *gustar*

El verbo **gustar** se usa siempre en tercera persona del singular o plural para expresar lo que te gusta o no te gusta. Siempre va precedido de los pronombres **me, te, le, nos, os** o **les,** según quien sea la persona a quien le guste algo. Sin embargo, cuando va seguido de infinitivo, siempre se usa el singular.

Me **gusta** esa bicicleta. (esa bicicleta: sujeto 3° persona singular)
Le **disgustan** las películas violentas. (las películas violentas: sujeto 3° persona plural)
A mi hermana y a mi nos **gusta** ir al cine (ir al cine: sujeto 1° persona del singular)

Funcionan de igual manera los verbos **agradar, desagradar, simpatizar, disgustar** y **apetecer.**

---

1. Completa con el singular o el plural del verbo **gustar** según corresponda.

1. A poca gente no le _____ el chocolate.

2. A mis padres no les _____ ir a reuniones con mucha frecuencia.

3. Me _____ tus zapatos, ¿son nuevos?

4. A Graciela y a mí nos _____ las películas románticas, pero a Juan le

_____ las policiales.

5. ¿No les _____ comer pastas?

2. Combina los elementos para formar oraciones completas. Conjuga el verbo **gustar** según corresponda.

1. gustar / la TV / hasta muy tarde / le / mirar

_____

2. gustar / Mariana / y a mí / no nos / el clima frío / a

_____

3. estudiantes / les / a / hacer / muchos / deporte / gustar

_____

4. gustar / a / le / tanto el cine y el teatro / que va / todas las semanas / Ramiro

_____

_____

Las formas verbales compuestas

Son compuestas las formas verbales que, para expresar una acción, necesitan dos verbos, como:

• Tiempos compuestos: se forman con el tiempo apropiado del verbo auxiliar **haber** más el *participio* de otro verbo que determina la acción: **habré dicho, habíamos reído, he crecido.**

• Tiempos progresivos: indican que una acción progresa o transcurre en el momento indicado. Se forman con un verbo auxiliar como **estar** más el *gerundio*. Otros verbos auxiliares comunes son **seguir, continuar, andar, venir** e **ir.**

> Ahora **estoy leyendo.**   **Anda buscando** trabajo.
> En aquel momento **seguíamos bailando.**

El presente progresivo

El presente progresivo se forma con el verbo auxiliar en **tiempo presente** más el gerundio que determina la acción. Se usa para indicar acciones que tienen lugar en el momento que se enuncian.

> **Está durmiendo** en su cuarto.

Se usa para indicar acciones que tienen lugar en la actualidad.

> **Estamos estudiando** la literatura española. (No necesariamente en este momento, pero hemos empezado y seguimos estudiándola.)

---

1. Completa el texto con los verbos en presente progresivo.

Veo a mi hermanito que **1.** _____ (comenzar) a dar sus primeros pasos.

Mi madre lo **2.** _____ (ayudar) a tomar confianza, le extiende sus brazos

y él **3.** _____ (ir caminar) hacia ella sosteniéndose en todo lo que está a

su alcance. **4.** _____ (descubrir) un mundo nuevo y hay que verlo cómo

se entusiasma. Ahora él y mi mamá **5.** _____ (abrazarse).

---

2. Completa el diálogo usando verbos en presente progresivo.

MARCELO: ¿Cómo va la inauguración de tu nuevo negocio?

LUIS: ¡Muy bien! Hace mucho que **1.** _____.

MARCELO: ¿Ya terminaron de pintar las paredes?

LUIS: No, ahora **2.** _____.

MARCELO: ¿Y ya tienen listos los folletos y la publicidad?

LUIS: Nuestro jefe de ventas **3.** _____.

MARCELO: Realmente, les deseo todo el éxito con este nuevo negocio.

El presente perfecto de indicativo

El presente perfecto es un tiempo compuesto que se construye con el verbo **haber** en presente de indicativo más el participio pasado del verbo que determina la acción.

he	
has	mir**ado**
ha	corr**ido**
hemos	prefer**ido**
habéis	
han	

Hay algunos participios irregulares como: **hacer:** hecho; **decir:** dicho; **abrir:** abierto; **poner:** puesto; **ver:** visto; **morir:** muerto, etc.

Se usa el presente perfecto de indicativo para indicar una acción que ocurrió recientemente en el pasado o cuyo efecto o consecuencias perduran en el momento del habla. Por eso se usa frecuentemente con **todavía, aún no,** etc.

Han llegado temprano.   **Hemos viajado** a Londres.

Aún no he aprobado el examen.   **Ha hecho** los deberes

1. Completa las oraciones con los verbos en presente perfecto.

1. ¿_____ (tú/visitar) el zoológico alguna vez? Yo últimamente no

   _____ (ir), pero te lo recomiendo.

2. —¡¿Mi madre nunca les _____ (preparar) una torta de manzanas?!

   —No, no la _____ (nosotros/probar).

3. Soraya no puede tomar la clase de fotografía porque sus hermanos le _____

   (romper) la cámara.

2. La familia García nunca ha viajado al extranjero. Imagina cuatro posibles causas usando presente perfecto.

   Modelo La familia García nunca ha tenido interés en otras culturas.

   1. _____

   2. _____

   3. _____

   4. _____

El pretérito

El **pretérito** es el tiempo que se usa para referirse a las acciones que ya han sucedido con anterioridad al momento del habla.

	tomar	correr	escribir
yo	tom**é**	corr**í**	escrib**í**
tú	tom**aste**	corr**iste**	escrib**iste**
él/ella, usted	tom**ó**	corr**ió**	escrib**ió**
nosotros/as	tom**amos**	corr**imos**	escrib**imos**
vosotros/as	tom**asteis**	corr**isteis**	escrib**isteis**
ellos/as, ustedes	tom**aron**	corr**ieron**	escrib**ieron**

La conjugación del pretérito siempre lleva tilde en la última vocal de la 1° y 3° personas del singular.

1. Completa las oraciones con el pretérito del verbo que corresponda según el contexto.

Verbos: creer, apurar, llegar, caminar, ganar, visitar

1. El equipo local _____ el campeonato nacional.

2. Julián y Néstor _____ el paso para llegar a tiempo.

3. Florencia y yo _____ hacia el centro de la ciudad y _____ varias tiendas.

4. ¿Cuándo _____ tú de Roma?

5. Yo no _____ nada de lo que ellos dijeron.

2. Aquel día de la semana la ciudad se vio paralizada por una huelga nacional y todo el mundo dejó de trabajar. Contesta las siguientes preguntas en pretérito.

1. ¿Por qué no trabajaron los maestros?

_____

2. ¿Por qué el presidente no salió de la casa de gobierno?

_____

3. ¿Por qué muchos trabajadores se quedaron en su casa?

_____

4. ¿Por qué hojeaste el periódico ese día?

_____

5. ¿Por qué decidiste ir al trabajo igual?

_____

6. ¿Por qué por la noche miramos todos la televisión?

_____

Nuevas vistas Curso de introducción

La conjugación irregular del pretérito

Los siguientes verbos presentan irregularidades especiales en el pretérito.

andar: anduve, anduviste, anduvo, anduvimos, anduvisteis, anduvieron

saber: supe, supiste, supo, supimos, supisteis, supieron

dar: di, diste, dio, dimos, disteis, dieron

hacer: hice, hiciste, hizo, hicimos, hicisteis, hicieron

tener: tuve, tuviste, tuvo, tuvimos, tuvisteis, tuvieron

conducir: conduje, condujiste, condujo, condujimos, condujisteis, condujeron

venir: vine, viniste, vino, vinimos, vinisteis, vinieron

querer: quise, quisiste, quiso, quisimos, quisisteis, quisieron

traer: traje, trajiste, trajo, trajimos, trajisteis, trajeron

ir: fui, fuiste, fue, fuimos, fuisteis, fueron

• En el pretérito, algunos de los verbos terminados en **-ir** tienen cambios en la raíz en la tercera persona del singular y del plural: **él, ella, ellos(as)** y en la segunda persona del plural: **ustedes.**

Algunos verbos cambian la **e** por **i.** Por ejemplo, pedir: pedí, pediste, p**i**dió, pedimos, pedisteis, p**i**dieron. También tienen el mismo cambio: **conseguir, medir, mentir, reír, repetir, seguir, sentir, sugerir** y **vestir.**

Otros verbos como dormir o morir, cambian la **o** por **u**: dormí, dormiste, d**u**rmió, dormimos, dormisteis, d**u**rmieron.

• Verbos de cambio ortográfico en el pretérito son:

terminación	cambio	ejemplo		
-car	-qué	buscar	→	bus**qué**
-gar	-gué	pagar	→	pa**gué**
-guar	-güé	averiguar	→	averi**güé**
-zar	-cé	rezar	→	re**cé**
-eer	-í/-yó	leer	→	leí/le**yó**
-uir	-í/-yó	concluir	→	concluí/conclu**yó**

I. Completa las oraciones con la forma correcta del verbo.

1. Yo (conducir) _____ el auto por la carretera más corta cuando (ir)

_____ a tu casa.

2. El bebé (dormir) _____ hasta el anochecer.

3. ¡Te (decir) _____ mil veces que yo no mentía!

4. No (ellos/saber) _____ qué decirme cuando los saludé.

5. Ayer (yo/pagar) _____ la deuda que me tenía tan preocupado.

6. (nosotros/venir) _____ a la fiesta de fin de año y (nosotros/traer)

_____ refrescos.

El imperfecto

El **imperfecto** expresa acciones pasadas cuyo principio y fin no se tienen en cuenta. Son acciones que se realizaron en forma habitual y que tuvieron cierta duración en el momento que fueron realizadas. La conjugación regular es la siguiente:

	saltar	**correr**	**partir**
yo	salt**aba**	corr**ía**	part**ía**
tú	salt**abas**	corr**ías**	part**ías**
él/ella, usted	salt**aba**	corr**ía**	part**ía**
nosotros/as	salt**ábamos**	corr**íamos**	part**íamos**
vosotros/as	salt**abais**	corr**íais**	part**íais**
ellos/as, ustedes	salt**aban**	corr**ían**	part**ían**

Los siguientes verbos son irregulares en este tiempo:

	ser	**ver**	**ir**
yo	**era**	**veía**	**iba**
tú	**eras**	**veías**	**ibas**
él/ella, usted	**era**	**veía**	**iba**
nosotros/as	**éramos**	**veíamos**	**íbamos**
vosotros/as	**erais**	**veíais**	**ibais**
ellos/as, ustedes	**eran**	**veían**	**iban**

1. Completa el texto con los verbos en imperfecto.

Mi abuelo **1.** (llamarse) _____ Marcelino. Había aprendido música y **2.** (tocar)

_____ el violín en una orquesta a la que siempre **3.** (contratar) _____

para bailes o fiestas en algún salón de su época. **4.** (nosotros/ser) _____ muy

buenos compañeros, nos **5.** (nosotros/entender) _____ y **6.** (nosotros/compartir)

_____ la pasión por la lectura. **7.** (él/soñar) _____ con verme terminar la

universidad y **8.** (él/hacer) _____ todo lo posible para ayudarme en los estudios.

Yo lo **9.** (admirar) _____ y **10.** (seguir) _____ sus consejos.

2. Cuando eras chico(a), ¿adónde iban tú y tu familia de vacaciones y qué hacían? Explica lo que realizaba cada uno, empleando el imperfecto.

_____

_____

_____

Nuevas vistas Curso de introducción

Diferencias entre el pretérito y el imperfecto

El pretérito indica acciones comenzadas y acabadas en el pasado. El imperfecto indica que la acción del verbo ha sido presente durante el transcurso de otro hecho ya pasado. No importa cuándo empieza o termina la acción, sino la acción misma.

Disfruté de mis vacaciones. (La acción de "disfrutar" comenzó y se acabó en aquel momento.)

Disfrutaba de mis vacaciones cuando lo conocí. (La acción de "disfrutar" se mantiene en el tiempo pasado y mientras se produce la otra acción de "conocer".)

El imperfecto se usa para indicar estados y condiciones que persisten por cierto tiempo en el pasado. No así el pretérito.

Era un día soleado.　　　　　　　La gente **estaba** toda en la calle.

1. Completa el texto con verbos en pretérito o en imperfecto según corresponda.

Mientras yo **1.** (leer) _____ en el jardín, mi hermano **2.** (jugar) _____ a la

pelota. En ese momento **3.** (comenzar) _____ a llover tan fuerte que nosotros

4. (tener) _____ que correr hasta la casa. Pero la sorpresa **5.** (ser) _____

grande cuando nosotros **6.** (advertir) _____ que la puerta **7.** (estar) _____

cerrada desde adentro y el perro la había trabado cuando **8.** (entrar) _____.

2. Redacta una breve historia usando en ella los siguientes verbos en pretérito e imperfecto.
　　Verbos: mirar, reír, caminar, hacer, ser, anochecer, pensar, ser, tronar, conducir

_____

_____

_____

_____

_____

_____

_____

_____

_____

_____

El pasado continuo

Como todo tiempo progresivo, el pasado continuo es compuesto y consta de un verbo auxiliar, **estar,** conjugado en imperfecto, más el gerundio del verbo que determina la acción.

Estaba leyendo tus cartas.

El imperfecto y el pasado continuo

Tanto el imperfecto como el pasado continuo indican en la narración las circunstancias en que se desarrollan los hechos cuando otra acción ocurre.

Las vacaciones **llegaban/estaban llegando** a su fin cuando ella nos visitó.

Sólo el imperfecto se usa para describir una circunstancia o situación en el pasado.

Era de noche y **llovía** torrencialmente. Ya no se **veía** gente por la calle.

I. Completa las oraciones con los verbos dados. Usa el imperfecto y el pasado continuo.

1. Mientras yo (bañarse) _____ en el mar, Raúl (tomar) _____ sol en la arena.

2. (Llover) _____ cuando salí de casa.

3. (Ser) _____ de noche cuando comenzó el baile.

4. El niño (prepararse) _____ para soplar cuando se prendieron las velitas de su torta

   de cumpleaños.

5. La opinión pública (ponerse) _____ cada vez más contraria al gobierno, hasta que

   finalmente el presidente renunció.

2. Vuelve a escribir lo que hacía la familia González el domingo mientras llovía, pasando los verbos en imperfecto al pasado continuo.

1. Martín, el más pequeño, dormía en su cuna.

   _____

2. El padre respondía el correo electrónico del día.

   _____

3. La madre conversaba con una amiga que había cenado con la familia.

   _____

4. El hijo mayor estudiaba en su cuarto para un examen.

   _____

5. El perro descansaba en el sillón con ganas de dormirse.

   _____

Nuevas vistas Curso de introducción

Los complementos verbales

Los complementos verbales acompañan al verbo para completar su significado. Pueden ser sustantivos, pronombres y adverbios, y cada uno cumple una función diferente en la oración, ya que indica objeto, circunstancias o cualidades sobre las que recae la acción del verbo.

Le escribo a Juan.
pronombre

Ayer comimos **mariscos**.
adverbio   *sustantivo*

El complemento directo

Desde el punto de vista del significado, el complemento directo completa la acción del verbo. Sobre él recae directamente su acción.

El viento arrastra **las hojas**.   Necesito **tu ayuda**.

Indica cosas, pero puede referirse a personas o cosas personificadas anteponiéndole la preposición **a.**

Saludé **a mis amigos**.   Defendió **a su patria**.

Verbos transitivos

Son verbos que necesitan de complemento directo para poder completar su significado.

La lluvia **inundó** las calles de la ciudad. Fabián **estudió** todo el programa para el examen. (La oración no podría terminar en **inundó** o **estudió** porque carecería de sentido completo.)

I. Subraya el complemento directo.

  I. Susana todos los domingos amasa pastas.

  2. Le regalé una muñeca que habla a mi sobrina.

  3. Nos dieron la noticia antes de lo previsto.

  4. Envié las invitaciones de la fiesta la semana pasada.

2. Indica los verbos transitivos y subraya los complementos directos del siguiente diálogo.

  —Mira las flores del jardín, ¡cuántas son!

  —Sí, ya está llegando la primavera. Todos los pájaros construyen sus nidos en esta época.

  —¿Has visto los pajaritos de aquel árbol? Llevan pequeñas ramas en el pico desde el

  amanecer, y no dejan de hacer eso hasta que el sol se oculta.

  —¡Cómo trabajan! Estarán empollando sus huevos. Pronto oiremos a los pichones pidiendo

  comida.

El complemento indirecto

El complemento indirecto indica el destinatario de la acción del verbo que modifica. Dicha función pueden cumplirla frases sustantivas encabezadas por las preposiciones **a** o **para**.

Elegí este libro **para Tomás**.　　　　Habló **a sus alumnos**.

Los pronombres de complemento indirecto **me, te, le, nos, os** y **les** concuerdan con la persona gramatical del destinatario. Muchas veces se usan junto con el destinatario de la acción del verbo.

Le dije la verdad **a mi primo**.　　　Quisiera que **me** regalaras flores.

1. Completa las oraciones con el complemento indirecto correspondiente de la segunda columna.

1. Antonio _____ entregó la invitación a Carlos y a mí.
2. _____ no les preguntaré nada.
3. _____ di permiso para ir con tu hermana, no tú sola.
4. Le compré un lindo regalo _____.
5. _____ enviamos la computadora a mi hermano.

a. Te

b. nos

c. a mi padre

d. A ustedes

e. Le

2. Vuelve a escribir las oraciones reemplazando los complementos indirectos por sus correspondientes pronombres.

1. Todos los vecinos dan su ayuda a Doña María.

_____

2. Ana entregó a su jefe la documentación.

_____

3. Ernesto, el joven accidentado, dio mucho trabajo a los médicos.

_____

4. Mi tía Rosario preparaba el almuerzo para mi hermano y para mí.

_____

5. Los estudiantes te entregaron la prueba a ti, Carolina.

_____

6. La opinión pública dio su gesto unánime de aprobación al Presidente en su discurso

inaugural.

_____

　　　　　　　　Nuevas vistas Curso de introducción

El pluscuamperfecto

Es un tiempo que expresa un hecho pasado anterior a otro también pasado. Se construye con el verbo **haber** en imperfecto, más el participio pasado del verbo.

Cuando lo busqué, ya se **había marchado** de la ciudad.
Había ascendido de puesto ese año.

querer		
yo	había	
tú	habías	cant**ado**
él/ella, usted	había	quer**ido**
nosotros/as	habíamos	dorm**ido**
vosotros/as	habíais	
ellos/as, ustedes	habían	

1. Completa con los verbos en pluscuamperfecto.

1. Mi padre, que _____ (llegar) mucho antes que yo, me estaba esperando pensativo.

2. Busqué afanosamente mis anteojos sin darme cuenta de que los _____ (perder) mientras viajaba.

3. Los turistas no cenaron al llegar anoche porque _____ (comer) un rato antes, de acuerdo a sus costumbres.

4. Mi perro _____ (esconderse) tan bien que tardé mucho en encontrarlo.

5. El tiempo mejoró cuando Matías y yo ya _____ (decidir) el regreso.

2. Combina los elementos para formar oraciones completas. Presta atención a la concordancia de tiempos verbales y emplea el pluscuamperfecto donde corresponda.

1. (nosotros) correr / tanto que / quedar / agotados

_____

2. en la montaña / (yo) tener / más frío del que nunca / sentir

_____

3. evidentemente / (él) perder peso / ya que / parecer / más flaco / cuando / verlo

_____

4. no / (nosotros) prever / mal tiempo / así que / cuando / (nosotros) salir de casa / mojarse

_____

5. cuando / lo / ver personalmente / parecerme / más tímido / de lo que / imaginar hasta entonces

_____

El futuro

El futuro se usa para expresar acciones que ocurren en un tiempo futuro. La mayoría de los verbos en futuro son regulares.

Esta tarde **estaremos** ocupados.   En un momento **darán** las doce.

- Se usa también para indicar una probabilidad.

Supongo que **sabrás** la lección.   Me imagino que ahora **estará** en casa.
¿Quién **será** ella?

	mirar	comer	vivir
yo	mira**ré**	come**ré**	vivi**ré**
tú	mira**rás**	come**rás**	vivi**rás**
él/ella, usted	mira**rá**	come**rá**	vivi**rá**
nosotros/as	mira**remos**	come**remos**	vivi**remos**
vosotros/as	mira**réis**	come**réis**	vivi**réis**
ellos/as, ustedes	mira**rán**	come**rán**	vivi**rán**

- Hay algunas excepciones.

  decir: diré, dirás, dirá, diremos, diréis, dirán
  hacer: haré, harás, hará, haremos, haréis, harán
  haber: habré, habrás, habrá, habremos, habréis, habrán
  poder: podré, podrás, podrá, podremos, podréis, podrán
  querer: querré, querrás, querrá, querremos, querréis, querrán
  poner: pondré, pondrás, pondrá, pondremos, pondréis, pondrán
  salir: saldré, saldrás, saldrá, saldremos, saldréis, saldrán
  venir: vendré, vendrás, vendrá, vendremos, vendréis, vendrán

1. Completa las oraciones con el verbo en futuro correspondiente de la segunda columna.

1. Repartimos las tareas para el paseo a las montañas
que _____ mañana.

a. comprarán

2. Yo _____ la tienda y las mochilas.

b. realizaremos

3. Los chicos _____ lo necesario para preparar las comidas.

c. establecerán

4. Como tú tienes experiencia, _____ las actividades
de exploración.

d. conseguiré

5. Nuestro instructor _____ los equipos de escalada.

e. llevará

6. Ustedes _____ los recorridos de las expediciones.

f. investigarás

2. Completa las oraciones con el futuro del verbo que corresponda según el contexto.
Verbos: ser, habitar, desaparecer, brindar, tener, poder

Las próximas navidades todos nosotros **1.**_____ por un mundo mejor.

Imagino que **2.**_____ un planeta distinto, mucho más grato. La guerra y el

hambre **3.**_____ definitivamente, la humanidad **4.**_____ mejor

cada día y tú **5.**_____ disfrutar una vida más plena. Los que quieran habitar

ese mundo, **6.**_____ que empezar a construirlo desde ahora, el tiempo apremia.

El condicional

El condicional expresa una acción futura en el pasado. Dado el carácter futuro de este tiempo, la acción es eventual o hipotética. Desde el momento presente, dicha acción ha podido completarse, puede estar realizándose en el presente o tener lugar en el futuro. Ej.: La radio anunció que **llovería**. Me **gustaría** tener un coche pero no tengo dinero.

- Sirve además para expresar probabilidad tanto en el pasado como en el futuro.

  Serían las cuatro cuando ocurrió el accidente. No **sería** raro que mañana lloviera.

	sacar	vender	regir
yo	sacaría	vendería	regiría
tú	sacarías	venderías	regirías
él/ella, usted	sacaría	vendería	regiría
nosotros/as	sacaríamos	venderíamos	regiríamos
vosotros/as	sacaríais	venderíais	regiríais
ellos/as, ustedes	sacarían	venderían	regirían

- La terminación **-ía** se mantiene en toda la conjugación. Los verbos irregulares en el futuro lo son también en el condicional.

  decir: diría, dirías, diría, diríamos, diríais, dirían

  hacer: haría, harías, haría, haríamos, haríais, harían

  haber: habría, habrías, habría, habríamos, habríais, habrían

  poder: podría, podrías, podría, podríamos, podríais, podrían

  querer: querría, querrías, querría, querríamos, querríais, querrían

  poner: pondría, pondrías, pondría, pondríamos, pondríais, pondrían

  salir: saldría, saldrías, saldría, saldríamos, saldríais, saldrían

  venir: vendría, vendrías, vendría, vendríamos, vendríais, vendrían

1. Escribe en los espacios en blanco la forma verbal que mejor complete el texto.

Supuse que no **1.**_____ (querías/querrías) perderte la fiesta de fin de curso. A

mí me **2.**_____ (enojaría/enojaba) muchísimo no estar presente. Puede que no

vaya, pero eso **3.**_____ (sucedería/sucedía) únicamente en caso de accidente.

Algunos de mis amigos ya me dijeron que ellos posiblemente no **4.** _____

(podrían/pudieron) ir.

2. Escoge la letra que mejor complete cada oración, según el contexto.

1. ¿No crees que _____ ser más considerados con los profesores?

a. deberemos   **b.** deberíamos   **c.** debamos

2. Creo que _____ portarnos mucho mejor y rendir más en la escuela.

a. podíamos   **b.** pudimos   **c.** podríamos

3. Claro, a todos nos _____ salir bien sin mucho esfuerzo.

a. encantó   **b.** encantaba   **c.** encantaría

La oración

Es un grupo de palabras que tiene sentido completo en su contexto. En la escritura se distingue por comenzar con mayúscula y acabar en el punto; en el discurso oral, se distingue por la entonación y la pausa al final de la misma.

• Las oraciones pueden ser **simples** cuando no incluyen cláusulas.

Nadie se enteró de la catástrofe hasta el día siguiente.

• Las oraciones son **compuestas** cuando incluyen cláusulas o se componen de dos oraciones simples, independientes entre sí pero que se complementan para darle significado a la oración. La cláusula se caracteriza por tener verbo y sujeto propios, pero carece de sentido propio. Se hallan siempre en una oración compuesta.

La calle <u>que recorrimos</u> me trae buenos recuerdos.
        cláusula

<u>La mujer era de esbelta figura</u> y <u>su marido la admiraba</u>.
   oración simple   *oración simple*

Las conjunciones

Son palabras que sirven para relacionar y unir los componentes de la oración (palabras, cláusulas o construcciones) que cumplen una misma función en ella.

Primero cenamos **y** luego cantamos juntos.
Ni él **ni** yo vemos televisión, **pero** nos gusta alquilar películas a veces.
Escogemos películas de acción **o** comedias.

---

1. Indica si las oraciones son simples o compuestas escribiendo **S** o **C**.

_____ **1.** La madre mecía muy despaciosamente la cuna del bebé.

_____ **2.** Nada parecía interponerse entre ella y su hijo.

_____ **3.** Le cantaba villancicos y canciones hasta que se dormía.

_____ **4.** El resto de la casa se esforzaba por guardar silencio, o así lo parecía.

2. Subraya las cláusulas en las siguientes oraciones compuestas.

1. Algunas islas caribeñas son lugares apacibles, donde nadie tiene de qué preocuparse.

2. La temperatura es agradable y la gente se ayuda siempre en caso de necesidad.

3. Los lugareños dicen que es el mejor lugar del mundo.

La oración y la cláusula subordinada

Se llama cláusula subordinada a la frase o parte de la oración compuesta que no tiene sentido en sí misma, es decir, que depende de la cláusula principal para tener sentido completo. Funciona como sujeto o complemento de la cláusula principal. Siempre las encabeza una palabra de enlace como **que, si, el que, lo que, cuando,** etc.

La lluvia azotaba los árboles <u>cuando la tarde caía</u>. (oración compuesta)
cláusula

<u>El que aterrizó</u> era un avión americano. (oración compuesta)
cláusula

1. Completa las oraciones con la palabra de enlace que corresponda en cada caso.

Palabras de enlace: que, cuando, donde, como, lo que, si, el cual

1. Podemos lograr todo lo que deseamos _____ el deseo y el esfuerzo son suficientes.

2. Por eso, debemos valorarlos _____ lo que son, los más sólidos pilares de nuestras metas.

3. Aunque no lo parece, el sacrificio es _____ muchas veces da un sentido profundo a la tarea.

4. Nada es tan difícil en la vida _____ no sea posible afrontarlo con posibilidades de éxito.

5. Tomamos conciencia de ello _____ obtenemos logros considerados imposibles anteriormente.

6. Los nuevos objetivos estarán siempre _____ nuestro interés establezca sus más recientes aspiraciones.

7. Buscaremos nuestro provecho, _____ estará de acuerdo a nuestros principios y ambiciones.

2. Completa las cláusulas subordinadas de las siguientes oraciones.

1. Todo nos parece más improbable cuando...

_____

2. Espero encontrarte como siempre en el cine donde...

_____

3. Deberíamos aprobar nuestro examen sin inconvenientes, a menos que...

_____

4. Estaba listo para empezar a estudiar cuando...

_____

5. Es casi seguro que lleguemos a tiempo si...

_____

La cláusula nominal

Es una frase o proposición que cumple la misma función que el sustantivo. Puede estar encabezada por **el, la, los, las que, quienes, quien, cuanto, cuanta, cuantos, cuantas** y **si.**

Quien tiene un amigo tiene un tesoro.
Dime si quieres venir.
Esto es cuanto espero de ti.

Mi hermana espera que le compren un perro.
El animal atacó a quien lo molestaba.
Fue aplaudido por quienes asistieron al concierto.

La cláusula adjetiva

Cumple las mismas funciones que el adjetivo. Puede estar encabezada por **que, cual, quien, quienes, cuyo, donde, cuando** y **como.**
Los árboles que dan frutos son hermosos.
El actor era como la periodista lo describió.

La cláusula adverbial

Desempeña la función del adverbio en la oración. Y por ello puede ser una cláusula adverbial de tiempo, causa, condición, finalidad, modo, cantidad y lugar. Las cláusulas adverbiales empiezan con palabras como: **según, como, conforme, mientras tanto, porque, donde, cuanto.**
Cuando me dieron la noticia corrí a contársela a todos. (temporal)
Estaban contentos porque llegaban las fiestas. (causal)
Él trabajaba día y noche con tal de que ella fuera feliz. (condición)
Hace sacrificios para que sus hijos vayan a la escuela. (finalidad)
Encontró el camino como le indicaron. (modal)
Se empeñó cuanto pudo en el examen de lengua. (cuantitativa)
Siempre lo veo donde se detiene el tren. (de lugar)

1. Subraya las cláusulas subordinadas de las siguientes oraciones, indicando en cada caso si son nominales, adjetivas, adverbiales, de tiempo, causa, condición, etc.

   1. Cuando los jugadores entrenen más, confiaré en la capacidad ofensiva de nuestro equipo.
   _____

   2. Será fundamental el resultado que obtengamos. _____

   3. Nuestro rival es un equipo duro, que tiene un excelente funcionamiento. _____

   4. Es importante la concentración en el juego para que podamos ganar. _____

   5. Quien gane conquistará el título de campeón. _____

2. Escoge la letra que mejor complete cada cláusula subordinada de las siguientes oraciones.

   1. La fiesta de aniversario de nuestros padres es
      el primero del mes que viene, como _____

   2. La intención es homenajearlos sin _____

   3. Por favor, envía invitaciones a quienes _____

   4. Será un éxito si _____

   a. que ellos se enteren de los preparativos.

   b. lo hemos planificado.

   c. conseguimos que todos se presenten.

   d. figuran en la lista.

Nuevas vistas Curso de introducción

Nombre _____ Clase _____ Fecha _____

El pronombre como complemento directo

En muchas ocasiones, el **complemento directo** está representado por un pronombre. Éste se antepone siempre al verbo. Los pronombres que pueden cumplir esta función son **lo, la, los, las,** concordando en género y número con la persona o el objeto al que se refieren.

La <u>comida</u> está preparada. **La** serviremos inmediatamente.

Mis <u>hermanos</u> estaban jugando afuera. Yo **los** llamé

1. Subraya el pronombre como complemento directo correcto en el siguiente párrafo.

Nuestros padres sienten un gran amor por nosotros. Quizá no **1.** (la/lo) saben expresar. Las cosas importantes **2.** (las/los) esconden, pero mi madre muestra una sonrisa radiante. Mi padre, por su parte, aparenta indiferencia. Pero es una máscara; apenas **3.** (la/lo) quitas, encuentras su aprobación. No **4.** (la/lo) puede ocultar. Ellos han hecho muchos sacrificios por nosotros, y nosotros se **5.** (las/los) agradecemos. Sus esfuerzos valieron la pena y se **6.** (las/los) devolveremos con creces. El estudio ellos **7.** (la/lo) valoran sobremanera. Pero todas nuestras actividades les interesan, **8.** (las/lo) siguen de cerca y se interesan por ellas. Somos una familia que aprecia las responsabilidades de cada uno. Cada uno, por su parte, **9.** (las/lo) cumple puntualmente. Pero el afecto es más importante, y **10.** (la/lo) consideramos por encima de todo.

2. Completa las siguientes oraciones con un pronombre de complemento directo.

1. Tiene una casa que da que hablar.

Yo no _____ he visitado nunca hasta ahora.

2. Todos los días, al levantarte, prende la radio y escucha el programa de Alfonso Serrano.

Yo no escucho nunca ese programa porque mi mamá no _____ soporta.

3. —Si vas a la playa, lleva los anteojos de sol que te regaló Graciela.

—No digas nada, pero mi hermanito _____ rompió el otro día.

4. Para graduarme, necesito tomar mis últimos exámenes. Son los más difíciles, y los profesores _____ tienen mucho en cuenta.

5. La semana siguiente haremos dos fiestas de cumpleaños: la mía y la de mi hermana mayor.

_____ organizaremos de manera tal que cuando termina una comience la otra.

Nuevas vistas Curso de introducción

Repetición del complemento indirecto

Es común que el complemento indirecto esté expresado en una misma oración por el sustantivo y por el pronombre para especificar o aclarar la identidad del complemento indirecto. Debe tenerse en cuenta que el pronombre que funciona como complemento indirecto siempre antecede al verbo.

Le contesté la carta **a Mercedes.**   **A Facundo le** regalé mis muebles.

Pronombres de complemento directo e indirecto en una misma oración

Siempre el pronombre de complemento indirecto se antepone al de complemento directo. En el caso de la tercera persona del singular y la tercera del plural, **le** y **les** se reemplazan por **se.**

Me lo dijeron y me costó creerlo.   **Nos lo** dijeron y nos costó creerlo.

Te lo dijeron y te costó creerlo.   **Os lo** dijeron y os costó creerlo.

Se lo dijeron y le costó creerlo.   **Se lo** dijeron y les costó creerlo.

1. Completa con el pronombre de complemento directo o indirecto según corresponda.

1. Es posible que el regalo te _____ envíen a tu casa.

2. Si él quiere su suéter, es posible que mañana _____ lo devuelva.

3. No me gustaría que mis exámenes no _____ corrija mi profesor.

4. Si no reforzamos esta pared, se _____ vendrá encima.

5. Mis amigos hacen tanto por mí que no sé cómo _____ lo puedo agradecer.

2. Expresa las siguientes oraciones usando simultáneamente pronombres de complemento directo e indirecto.

1. Llevé la ropa a mi casa. _____ _____ llevé.

2. Di mi colección de fotos a mi amigo. _____ _____ di.

3. Envié los elementos del laboratorio a ti. _____ _____ envié.

4. Nos avisaron que se hacía tarde. _____ _____ avisaron.

5. Vosotros comprasteis la computadora, finalmente. _____ _____ comprasteis.

Nuevas vistas Curso de introducción

El modo imperativo

El modo imperativo consta solamente del tiempo presente y sirve para expresar mandatos, órdenes, ruegos, peticiones o consejos.

Ve al mercado y compra fruta.   **Ama** al prójimo.

Quiéreme para toda la vida.

La forma afirmativa del modo imperativo

cantar	Correr
Canta tú	Corre tú
Cante él/ella, usted	Corra él/ella, usted
Cantemos nosotros/as	Corramos nosotros/as
Cantad vosotros/as	Corred vosotros/as
Canten ellos/as, ustedes	Corran ellos/as, ustedes

El pronombre de complemento directo o indirecto se puede agregar al mandato afirmativo.

Dígale usted quién fue.   **Vámonos** de aquí.

El informe, **tráemelo** tú.

1. Completa las oraciones con el imperativo del verbo que corresponda según el contexto.

    Verbos: preparar, comunicarse, atender, asegurarse, indicarle

1. Las indicaciones que voy a darte son importantes, así que _____ lo que te digo.

2. Antes de salir de viaje, _____ tu mochila sin olvidar nada.

3. _____ con tu acompañante para acordar un lugar de encuentro cerca de la estación.

4. No debe equivocar el lugar de la cita, por lo tanto _____ con precisión el sitio.

5. Cuando ambos estén listos para abordar el tren, _____ de que sus pasajes estén en orden.

2. Transforma las siguientes oraciones en imperativas.

1. Tienes que ordenar tu cuarto antes de salir.

_____

2. Debes salir más temprano para llegar a tiempo a la escuela.

_____

3. ¿Puedes llevar este recado a nuestro vecino?

_____

4. Espero que nos vayamos lo antes posible.

_____

5. ¿Qué tal si ayudan a ese anciano?

_____

La forma negativa del modo imperativo

criticar	ofender
No critiqu**es** tú	No ofend**as** tú
No critiqu**e** él/ella, usted	No ofend**a** él, ella, usted
No critiqu**emos** nosotros/as	No ofend**amos** nosotros(as)
No critiqu**éis** vosotros/as	No ofend**áis** vosotros(as)
No critiqu**en** ellos/as, ustedes	No ofend**an** ellos(as), ustedes

En esta forma debe usarse el pronombre de complemento directo o indirecto precediendo al verbo.

No <u>le</u> **diga** usted quién fue.   No <u>nos</u> **levantemos** de aquí.
El informe, no me <u>lo</u> **traigas** tú.

Las diferencias entre la forma positiva y la negativa del modo imperativo se ven en la segunda persona del singular y plural.

<u>Forma positiva</u>   <u>Forma negativa</u>
Recuerda tú aquello.   No **recuerdes** tú aquello.
Soñad eso.   No **soñéis** eso.

I. Completa el texto con el imperativo del verbo que corresponda según el contexto.

No **1.** _____ (volver) usted a la ciudad sin antes conseguir lo que le pido.

Los directivos de la empresa no quieren demoras en la producción; por lo tanto, su tarea

es importante, no **2.** _____ (cometer) errores. Localice un experto que lo

asesore y entre ambos **3.** _____ (buscar) los repuestos adecuados, no

4. _____ (fijarse) tanto en el precio como en la calidad. En cuanto a los

proveedores, no les **5.** _____ (permitir) ustedes demasiadas explicaciones; no

6. _____ (temer), usted y el experto, ser impertinentes en este sentido. Con

respecto a nuestra competencia, que ellos no **7.** _____ (enterarse)

de esta diligencia. **8.** _____ (averiguar) usted cada cosa y no

9. _____ (olvidar) los detalles; de esta forma, habremos hecho nuestra

parte. No nos **10.** _____ (culpar) si alguna otra cosa sale mal.

2. Transforma las siguientes oraciones imperativas en negativas.

1. Enséñale tu cuarto preferido.

_____

2. Neguemos nuestra responsabilidad en el asunto.

_____

3. A nuestro amigo, búsquenlo en el club.

_____

4. Brindémosle nuestra ayuda.

_____

5. Sigan ustedes haciendo las cosas a su manera.

_____

Nuevas vistas Curso de introducción

Los verbos reflexivos

Se refieren a acciones que ejerce el sujeto sobre sí mismo.

Yo **me** lavo las manos.

El complemento se expresa mediante los pronombres reflexivos **me, te, se, nos, os, se,** que concuerdan en persona y número con el sujeto y siempre preceden al verbo.

Yo **me bañé** en el mar.   El automóvil **se detuvo** aquí.

Los niños **se durmieron** a las diez.

Existen verbos exclusivamente reflexivos con los que se indica vida interior del sujeto como **quejarse, arrepentirse, enojarse, imaginarse, burlarse,** etc.

Me imagino un futuro mejor.

Nota: **se** *es la forma de la tercera persona tanto singular como plural.*

1. Completa las oraciones con el verbo reflexivo que corresponda según el contexto. Usa el pretérito.

    Verbos: ausentarse, arrepentirse, atreverse, quejarse, quedarse

  1. Mis compañeros no _____ por el retraso del maestro en el examen.

  2. ¿Sabes que Luis _____ en el aniversario de boda de sus padres?

  3. Debemos _____ a afrontar la prueba por difícil que sea.

  4. Llegué tarde a clase porque _____ dormido.

  5. Aunque se arriesgó a sufrir un castigo, no _____ de decir lo que pensaba.

2. Completa las siguientes oraciones con tus propias ideas, usando los siguientes verbos reflexivos.

    Verbos: peinarse, sobreponerse, preocuparse, prepararse, entrenarse

  1. Si consideras que no estás en buena forma física, deberías...

  _____

  2. Permaneciendo ocioso no conseguirás...

  _____

  3. Para ir a una fiesta, los chicos y chicas...

  _____

  4. Mañana por la mañana, antes de salir, debería...

  _____

  5. En situaciones difíciles, mantén la calma y...

El modo subjuntivo

El **modo subjuntivo** indica acciones que se desarrollan de manera posible o hipotética. Se usa para expresar deseo, duda, emoción, voluntad, esperanza y condición. Por lo tanto, su finalidad es expresar hechos posibles de ser concretados pero que aún no son reales.

Temen que **llueva.** (La acción de llover aún no se ha concretado.)

Espero que **regresen.** (No regresaron todavía. No es seguro que eso suceda.)

Pidieron que los **ayuden.** (Aún no es real la ayuda. No es un hecho concreto.)

Diferencias en el uso del modo indicativo y el modo subjuntivo

Modo indicativo (acciones reales)	**Modo subjuntivo** (acciones posibles)
Sabemos la lección.	Espero que **sepamos** la lección.
¿**Está** bien?	Dudo que **esté** bien.
Tú **lees** un buen libro.	Quiero que **leas** este libro.

1. Completa el texto con la forma correcta del verbo.

En el barrio 1. _____ (necesitamos/necesitemos) ampliar las instalaciones

del club. Es probable que 2. _____ (organizamos/organicemos) una

fiesta para recaudar fondos. Si mejoramos las instalaciones del club, es posible que

3. _____ (entrenamos/entrenemos) más intensamente, y de esta manera

4. _____ (podamos/podemos) competir más eficientemente. Yo me

5. _____ (encargo/encargue) de los preparativos, pero necesito que me

6. _____ (ayudas/ayudes), ya que nada 7. _____ (es/sea)

posible sin la colaboración de todos. Esperamos que el club 8. _____ (se

convierte/se convierta) en lo que deseamos. Sabemos que todo 9. _____

(depende/dependa) de nosotros. Ojalá 10. _____ (puedes/puedas) colaborar.

2. Expresa las siguientes oraciones en modo subjuntivo.

1. Bailamos toda la noche.

Espero que _____.

2. ¿Cenamos afuera?

No quiero que _____.

3. Martín no sabe si puede ir a la reunión.

Es posible que _____.

4. Saldremos puntualmente al amanecer.

Dudo que _____.

5. ¿Se llevan sus equipos de camping?

Ojalá que _____.

Nuevas vistas Curso de introducción

El subjuntivo en cláusulas adverbiales

Se usa el modo subjuntivo en las cláusulas subordinadas adverbiales (de tiempo, lugar, cantidad, concesión) cuando la idea está en el futuro o es incierta.

Veremos a los astronautas <u>cuando lleguen</u>. (tiempo)

Los buscaré <u>donde ustedes me indiquen</u>. (lugar)

Disfruta la vida <u>cuanto puedas</u>. (cantidad)

<u>Aunque ruegues</u>, no te harán caso. (concesión)

1. Escoge la frase de la segunda columna que mejor complete cada frase de la primera.

_____ **1.** Lo más seguro es encontrarnos
en un lugar donde…

_____ **2.** No vamos a conseguir ubicación
para el partido aunque…

_____ **3.** Empezamos la clase cuando…

_____ **4.** En materia de alimentación,
consume cuanto…

a. lleguemos temprano.

b. no podamos perdernos.

c. tu cuerpo necesite.

d. se presente el profesor.

2. Completa las cláusulas adverbiales con el verbo en paréntesis en modo subjuntivo, según
el contexto.

1. Para salir de viaje, no nos conviene ir donde no _____ (haber) aprovisionamiento
seguro.

2. Por las dudas, cargamos cuanta comida _____ (poder) llevar.

3. De cualquier manera, el consumo importante comienza cuando _____
(instalarse) en el sitio que elijamos.

4. Siempre tenemos la posibilidad de reaprovisionarnos, aunque _____ (contar)
con todo lo necesario.

5. Disfrutamos el tiempo libre en vacaciones a pesar de que no _____ (tener) los
artículos diarios acostumbrados.

6. Muchas veces nos proponemos cambiar la alimentación habitual y experimentar con
cuanto plato exótico _____ (descubrir).

El presente perfecto de subjuntivo

Es un tiempo en el que se expresa posibilidad, duda o una reacción emocional con relación a una acción que ocurrió en el pasado. La acción ocurre en un pasado respecto de una acción presente. Se forma con el verbo **haber** en presente del subjuntivo, seguido del participio del verbo.

No <u>creo</u> que lo <u>hayas</u> **conocido**.   Me <u>alegra</u> que **hayas logrado** tus objetivos.
   presente   *pasado*

	amar	
yo	haya	
tú	hayas	
él/ella, usted	haya	am**ado**
nosotros/as	hayamos	le**ído**
vosotros/as	hayáis	viv**ido**
ellos/as, ustedes	hayan	

1. Escoge la letra que mejor complete cada oración.

1. Espero que la experiencia te _____ de lección.

    a. ha servido   **b.** haya servido   **c.** serviría

2. Existe la posibilidad de que el envío ya lo _____.

    a. hayan entregado   **b.** han entregado   **c.** entregaron

3. Es una lástima que _____ la idea del viaje.

    a. descartabas   **b.** hayan descartado   **c.** descartarías

4. No creo que _____ toda la información necesaria para el proyecto.

    a. obtuvieras   **b.** has obtenido   **c.** hayas obtenido

5. Es muy triste que no le _____ todo lo que sucedió.

    a. hayan dicho   **b.** dijeron   **c.** dirían

2. Completa el siguiente párrafo con el verbo en paréntesis en presente perfecto de subjuntivo.

No me parece que **1.** _____ (ser) una buena idea ir a ver un concierto de rock con este tiempo. Es muy probable que el terreno del estadio **2.** _____ (estropearse), o que los productores **3.** _____ (decidir) suspenderlo. Es difícil que las empresas de transporte **4.** _____ (habilitar) servicios adicionales, y desde un lugar tan alejado será trabajoso volver. Aunque quizá nos **5.** _____ (equivocar), tratemos de pasarla lo mejor posible.

El imperfecto de subjuntivo

Es un tiempo usado para referirse a una acción presente o futura respecto a otra en pasado. La acción pasada puede estar expresada en pretérito, imperfecto, pluscuamperfecto o condicional del modo indicativo. La acción en imperfecto de subjuntivo no es real sino posible o hipotética.

Me <u>rogaron/rogarían/rogaban</u> que **cuidara** sus plantas.

Este tiempo verbal tiene la particularidad de poseer dos terminaciones posibles en su conjugación. La terminación **-ase, -ese** (actuase, crecieses, etc.) es menos común.

	actuar	**crecer**	**partir**
yo	actu**ara**	creci**era**	parti**era**
tú	actu**aras**	creci**eras**	parti**eras**
él/ella, usted	actu**ara**	creci**era**	parti**era**
nosotros/as	actu**áramos**	creci**éramos**	parti**éramos**
vosotros/as	actu**arais**	creci**erais**	parti**erais**
ellos/as, ustedes	actu**aran**	creci**eran**	parti**eran**

1. Subraya el tiempo de verbo correcto en el siguiente párrafo.

No era extraño que Ricardo **1.** _____ (espere/esperara) tan tarde la

llegada del autobús. Como trabajaba hasta tarde, era frecuente que **2.** _____

(retrasarse). Era importante que **3.** _____ (llegara/llegó) más temprano

pero eso dependía de la regularidad del transporte. Por eso, varias veces su esposa le

había sugerido que **4.** _____ (comprara/compraba) una bicicleta, una

moto o algo parecido. A sus hijos les alegraba que **5.** _____

(volviera/volvía) más pronto a casa. Mientras tanto, esperaba que el sueño no se

6. _____ (apodere/apoderara) de él.

2. Escoge el tiempo verbal que mejor complete cada oración.

1. Era indispensable que _____ con la partida de naipes.

    a. sigamos   **b.** siguiéramos   **c.** seguiremos

2. Ya nos _____ que el torneo duraría muchas horas.

    a. dirán   **b.** dijeran   **c.** habían dicho

3. Aunque para algunos lo fundamental era que no _____ comida.

    a. faltara   **b.** falte   **c.** había faltado

4. La única condición importante era que todos _____ despiertos.

    a. estuvimos   **b.** estemos   **c.** estuviéramos

El subjuntivo en cláusulas nominales

Es muy común el uso del **subjuntivo** en cláusulas nominales, es decir, en aquellas proposiciones encabezadas por **que**. La cláusula nominal identifica el complemento directo del verbo principal.

> Quiero <u>que me **cuentes** toda la historia</u>.   Me alegro de <u>que **estés** aquí</u>.

El imperfecto de subjuntivo en cláusulas nominales

Al igual que en el presente de subjuntivo, en la cláusula principal se debe indicar deseo, duda, posibilidad o emoción con relación a la cláusula nominal. El verbo de la cláusula principal se expresa en pretérito, imperfecto, pluscuamperfecto o condicional, y el verbo de la cláusula nominal se expresa en imperfecto de subjuntivo.

> No **creí** que **llegaran** a tiempo.   Le **había molestado** que no la **saludara**.
>
> **Dudábamos** que **estuvieran** en casa.   **Sería** bueno que **comenzaras** a estudiar con tiempo.

1. Subraya la cláusula nominal y conjuga el verbo en paréntesis en las siguientes oraciones.

1. Sinceramente, no creí que nos _____ (organizar) antes de un mes.

2. Después del último ensayo, temíamos que nuestra banda de rock _____ (desintegrarse).

3. Era irritante que nuestra banda de rock no _____ (encontrar) su propio estilo.

4. También nos preocupaba que no _____ (poder) conseguir mejores instrumentos.

2. Completa las siguientes oraciones con tus propias ideas. Usa cláusulas nominales que incluyan un verbo en modo subjuntivo.

1. Me resultaba incomprensible que...

_____

2. Debido a que había transcurrido ya mucho tiempo, no parecía que...

_____

3. Entre todos procuramos que...

_____

4. Sobre todo, nos sorprendió que...

_____

5. En nuestra clase nos molestaba que...

_____

El imperfecto de subjuntivo en cláusulas adjetivas

El imperfecto de subjuntivo puede usarse en cláusulas adjetivas, es decir, como modificador de sustantivo, cuando el verbo principal está en pretérito, imperfecto o condicional.

¿Hubo alguien que **pudiera** verlo? **¿Había** alguien que **estuviera** dispuesto a hablar?
No **diría** nada sobre lo que **fuera** capaz de hacer.

1. Completa las oraciones con la forma correcta del verbo.

1. Un profesor que _____ (estimulara/estimularía) a sus alumnos podría convertirse en el predilecto de la clase.

2. Fue preferible evitar actitudes que _____ (demostraran/han demostrado) falta de cortesía.

3. No creí nunca en la amistad de chicos que no _____ (estuvieran/estarían) presentes en los malos momentos.

4. Quisiera comprarme una bicicleta que _____ (tuviera/tenía) un sistema de frenos más seguro.

5. Necesitarías un perro que _____ (custodiara/custodie) bien tu casa.

2. Combina los elementos para formar oraciones completas. Usa el imperfecto de subjuntivo en las cláusulas adjetivas.

1. (yo) creer / preferible que tu hermano / acompañar / a ti

_____

2. mis padres sólo / comprar / vegetales que se / cultivar / sin pesticidas

_____

3. Julieta / no / estudiar / una carrera que / ser / demasiado larga

_____

4. tú / no / creer / enunciados científicos que no / estar / comprobados

_____

El imperfecto de subjuntivo en oraciones condicionales

En oraciones condicionales, hipotéticas o de realización poco probable, la cláusula subordinada encabezada por **si** siempre expresa una condición hipotética, imaginaria y poco probable en el presente, y se indica en imperfecto de subjuntivo. La cláusula restante expresa la consecuencia que se deriva de la condición y se indica con el condicional de indicativo.

Si ella **saliera,** yo la acompañaría.   Cantaría si me **pagaran.**

1. Completa las oraciones con el verbo en paréntesis. Usa el imperfecto de subjuntivo.

1. Si tú lo _____ (considerar) posible, me gustaría salir esta tarde.

2. No podríamos vivir tranquilos si la banda de rock de la casa de al lado _____ (tocar) su música todo el día, sin parar.

3. Todo sería más sencillo en mi vida si el resto del mundo me _____ (comprender).

4. Si tú _____ (callarse) yo podría terminar de estudiar mi lección.

5. Al menos podríamos viajar hasta la playa si nuestro automóvil _____ (tener) gasolina.

6. Si ustedes _____ (mantenerse) tranquilos, sería más placentero mi descanso.

2. Completa las oraciones usando el pretérito imperfecto de subjuntivo.

1. Podríamos llegar muy lejos si _____.

2. Encargaríamos una comida especial para celebrarte si _____.

3. Tomaría el avión esta misma noche si _____.

4. Le emocionaría hasta las lágrimas si _____.

5. Cualquiera se divertiría en el vecindario si _____.

Las preposiciones

Cumplen la función de nexos entre varias partes de la oración. Son invariables, no tienen género ni número. Carecen de significación fija. Varían según el contexto y las palabras que relacionen. Las preposiciones son **a, ante, bajo, cabe, con, contra, de, desde, en, entre, hacia, hasta, para, por, según, sin, sobre, tras.**

Las frases preposicionales

Son las formadas por una preposición y un sustantivo o construcción nominal. La frase preposicional puede tener las siguientes funciones:

Modificador de sustantivo:	casa **de** madera
Modificador de adjetivo:	único **en** su especie
Complemento directo e indirecto:	Encontró **a** su amigo.
Complemento de lugar, tiempo, etc.:	Un carro se aleja **por** la carretera.
	Lo conoce **desde** hace mucho tiempo.

I. Completa el párrafo con las preposiciones correspondientes.

Dediqué cierta cantidad **1.** _____ (de/en) dinero a efectuar arreglos

2. _____ (en/hasta) la casa. Empecé **3.** _____ (para/por)

modificar los techos, y sobre la madera reparé las tejas. **4.** _____ (A/En)

el frente de la casa comenzaron los problemas. Había una gotera que viene

5. _____ (de/con) la terraza; intentando repararla sólo conseguí hundir

las maderas **6.** _____ (según/hasta) el fondo. Luego, golpeando

7. _____ (sin/con) el martillo, rompí el piso de la terraza, justo

8. _____ (en/desde) la parte más visible. **9.** _____

(Según/Ante) el plomero, le llevará bastante tiempo el arreglo y mientras tanto deberé

arreglármelas **10.** _____ (sin/tras) agua.

2. Completa con preposiciones.

Preposiciones: de, de, a, por, para

I. Estamos esperando _____ mi familia para comenzar el festejo.

2. Veo que compraste una nueva maceta _____ tu balcón.

3. _____ la escuela tenemos que pasar todos, aunque muchos se quejen de ella.

4. Cada vez que veo esta película, no puedo dejar _____ reír.

5. Mis abuelos tienen un rancho al oeste _____ la ciudad.

El adverbio

Es una palabra invariable, no cambia en género ni número. Cumple la función de decir o indicar algo sobre el verbo o el adjetivo.

Estoy **medio** cansada.   Se vistió **rápidamente**.
Salimos **temprano** de **allí**.

• Los adverbios pueden ser de:

<u>Modo</u>: bien, mal, regular, así, tal, casi, como, y todos los terminados en **-mente**

<u>Lugar</u>: aquí, ahí, allí, acá, allá, encima, debajo, delante, detrás, arriba, abajo, adelante, atrás, lejos, cerca, etc.

<u>Tiempo</u>: pronto, tarde, temprano, siempre, nunca

<u>Cantidad</u>: mucho, poco, demasiado, más, menos, muy

<u>Afirmación</u>: sí, también

<u>Negación</u>: no, tampoco

<u>Duda</u>: acaso, quizá, quizás

• Hay frases hechas compuestas generalmente por una preposición que funcionan como adverbios. Algunas son:

Estudió su lección **en un santiamén.** (rápidamente)
Por fin apareció. (finalmente)

• Otras frases son: **a hurtadillas, sin ton ni son, dale que dale, de pronto, en realidad, en verdad, de repente, de buena gana, a regañadientes.**

1. Escoge el adverbio que mejor complete cada oración.

1. Por suerte, llegamos _____ a tiempo.

    a. a regañadientes   **b.** justo   **c.** quizás

2. Debido a un defecto en la instalación sanitaria, _____ se nos inunda la casa.

    a. dentro   **b.** casi   **c.** demasiado

3. Hay que reconocer que no _____ somos tan afortunados.

    a. tampoco   **b.** encima   **c.** siempre

4. El profesor estuvo _____ decepcionado con los exámenes de sus estudiantes.

    a. medio   **b.** allí   **c.** mucho

2. Completa las oraciones con un adverbio.

1. El incendio fue sofocado _____ por los bomberos.

2. Fueron convocados por teléfono y muy pronto estuvieron _____.

3. Nadie vio nada extraño, y _____ encontraron sospechosos, así que todo es un misterio.

4. Algunos dicen que el lugar contenía _____ material inflamable.

5. Dado que no hay testigos, creo que _____ se sabrá la verdad.

El adverbio y el adjetivo

Los adverbios están relacionados con los adjetivos, no solo por ser sus modificadores en la oración, sino también porque agregando la terminación **-mente** a la forma femenina del adjetivo singular, a los adjetivos terminados en **-e** o consonante, se forman los adverbios de modo conservando el acento original.

El avión despegó **rápidamente.** (rápido)   Aprendió la rutina **fácilmente.** (fácil)
Trabaja **alegremente.** (alegre)

- Otros adverbios tienen su propia forma pero se relacionan con el adjetivo.

adjetivo	adverbio
bueno	bien
malo	mal

- A veces se emplea la forma masculina del adjetivo como adverbio.

rápido: Ella aprendió **rápido.**   **caro:** La lección le costó muy **caro.**

1. Completa las siguientes oraciones con el adverbio derivado de la lista de adjetivos.
   Adjetivos: afanoso, delicado, amable, tímido, amargo

   1. Las flores abren su capullo _____ al comienzo de la primavera.

   2. Ya era muy tarde cuando se asomó la ardilla _____ por la puerta de su escondite.

   3. Seguro de ganar la competencia, el atleta se esforzaba _____ en los últimos metros.

   4. No sé por qué motivo la niña llora tan _____.

   5. _____, nuestro anfitrión nos ofreció las comodidades de su casa.

2. Reemplaza la frase subrayada por el adverbio correspondiente.
   MODELO   El gato escapó <u>en forma rápida</u>.   El gato escapó **rápidamente**.

   1. Esperaba llegar <u>a hora tardía</u>.

   _____

   2. Resolvió el problema <u>de manera fácil</u>.

   _____

   3. La casa fue evaluada <u>en su aspecto estructural</u>.

   _____

   4. El techo derruido cayó sobre la acera <u>con ruido estrepitoso</u>.

   _____

   5. <u>De manera esforzada</u>, alcanzamos la cumbre del cerro.

   _____

Las cláusulas relativas

La cláusula relativa modifica un sustantivo o pronombre que sea indefinido o negativo. Por esta razón también se la llama cláusula adjetiva.

Busco un secretario **que sepa español.**

• Puede ir encabezada por diferentes pronombres relativos según el sustantivo al que haga referencia. **Que** se emplea para personas o cosas. **Quien** o **quienes** se emplea sólo para personas.

Busco una actividad **que** me motive.   Él es a **quien** acudo siempre.
Mis abuelos son **quienes** me enseñaron el idioma.

• **Cual** o **cuales** puede usarse tanto para personas como para cosas. Su uso es más bien de carácter formal y siempre lo antecede un artículo que concuerda en género y número con el sustantivo al que se refiere.

Le envío esta carta, **la cual** será de su agrado.
Sus hijos, **los cuales** estudian en la universidad, la acompañaron.

• **Cuyo** o **cuya** se usa entre dos sustantivos. Indica la posesión del sustantivo que lo antecede. Concuerda en número y persona con el sustantivo que le sigue.

Mi hermano, **cuya** hija toca el piano, se siente muy orgulloso. (La hija es de mi hermano.)
Las damas, **cuyo** coche se averió, deberán viajar en taxi. (El coche es de las damas.)

1. Escoge la letra que mejor complete cada oración.

1. Esperamos a una persona _____ llega esta misma tarde.

   a. el cual   **b.** cuya   **c.** que

2. Se trata de un forastero _____ nombre nos llena de emoción.

   a. el cual   **b.** cuyo   **c.** quien

3. Es un tío lejano, a _____ no vemos hace años.

   a. quien   **b.** que   **c.** la cual

4. Extrañamos mucho su presencia, _____ llenaba de alegría nuestras vidas.

   a. la cual   **b.** el cual   **c.** quienes

2. Completa las oraciones con el pronombre relativo que corresponda en cada caso.

1. Era al payaso a _____ más perseguíamos cuando éramos niños.

2. Se trataba de un hombre _____ era capaz de hacer reír a cualquiera.

3. Tenía una peluca amarillenta, _____ solíamos esconderle para provocarlo.

4. Tenía un mono pequeño _____ destrezas eran sorprendentes.

Nuevas vistas Curso de introducción

El pluscuamperfecto de subjuntivo

Se usa para expresar una acción pasada anterior a un deseo, duda, emoción, voluntad, esperanza y condición en un tiempo pasado. Se forma con el verbo **haber** en imperfecto de subjuntivo y el participio del verbo.

Yo <u>quise</u> que **hubieras terminado** la carrera ese año.
deseo pasado

	leer	
yo	hub**iera** (o hub**iese**)	lleg**ado**
tú	hub**ieras** (o hub**ieses**)	
él/ella, usted	hub**iera** (o hub**iese**)	le**ído**
nosotros/as	hub**iéramos** (o hub**iésemos**)	
vosotros/as	hub**ierais** (o hub**ieseis**)	re**ído**
ellos/as, ustedes	hub**ieran** (o hub**iesen**)	

---

1. Escoge la letra que mejor complete cada oración.

1. Esperé inútilmente que _____ el correo.

    a. llegará   **b.** hubiera llegado   **c.** llegaría

2. Pero todos los días veía alejarse al cartero sin que _____ en mi buzón ni por un segundo.

    a. hubiera reparado   **b.** habría reparado   **c.** había reparado

3. El día en que se detuvo ante mi puerta _____ a su encuentro.

    a. correría   **b.** hubiera corrido   **c.** corriera

4. Sin embargo, esperé educadamente a que se _____ para abrir mi correspondencia.

    a. haya retirado   **b.** hubiera retirado   **c.** había retirado

2. Completa las oraciones con los verbos en pluscuamperfecto del subjuntivo.

1. Debieron decirnos que no _____ (venir) en ningún caso.

2. Todos deseábamos que tú _____ (llegar) aun tarde.

3. Esperábamos de tu parte que al menos _____ (telefonear) avisando que sería inútil esperarte.

4. Fue una pena que ninguno de nosotros _____ (tener) noticias de ti.

La voz pasiva

La voz indica si el sujeto de la oración es agente (voz activa) o paciente, receptor o resultado de una acción (voz pasiva).

En la voz activa, el sujeto realiza la acción. En la voz pasiva la acción la realiza el complemento agente. Observa estas diferencias en las siguientes oraciones:

Voz activa: **Los perros** persiguen a la liebre. (El sujeto realiza la acción.)

Voz pasiva: La liebre es perseguida por **los perros.** (El complemento agente realiza la acción.)

• La **voz pasiva** está formada por el verbo **ser** seguido por un participio. El complemento agente es una construcción encabezada por la preposición **por** y puede estar expreso o no.

Los atletas fueron premiados. (Al pasar esta oración a voz activa, el sujeto estará tácito.)
Premiaron a los atletas.

• Si se pasa una oración de voz activa a voz pasiva, el complemento directo se transforma en sujeto y el sujeto en agente. El verbo, en una frase verbal (**ser** más participio).

El abuelo contaba un cuento. (voz activa)
Un cuento era contado **por el abuelo.** (voz pasiva)

El verbo **ser** en la oración en voz pasiva se conjuga en presente, pasado o futuro de acuerdo con el tiempo verbal en el que esté el verbo principal en la voz activa.

Oración pasiva con *se*

En las oraciones expresadas en voz pasiva se usa el pronombre **se** delante del verbo para indicar que el sujeto es indefinido o general.

Allí **se** habla español.   **Se** anunció un aumento de precios.
Aquí **se** prohíbe fumar.

I. Escoge la oración de la segunda columna que exprese en voz pasiva cada oración de la primera columna, según el contexto.

_____ **1.** Todos los vecinos de la cuadra cuidábamos el vecindario.

    a. La cuadra es cuidada por todos los vecinos del vecindario.

_____ **2.** Todos los vecinos del vecindario cuidamos la cuadra.

    b. La cuadra será cuidada por todo el vecindario.

_____ **3.** Todo el vecindario cuidará la cuadra.

    c. El vecindario era cuidado por todos los vecinos de la cuadra.

2. Transforma las siguientes oraciones activas a la voz pasiva.

1. Los asistentes esperaban ansiosamente la salida de los equipos al campo de juego.

_____

2. El museo presentará una exposición de pintura abstracta durante el mes de enero.

_____

3. Nadie reclamó los objetos perdidos.

_____

El infinitivo y el gerundio

Son formas no personales del verbo, es decir, no se conjugan.

El infinitivo

Con él se denomina el verbo, y su terminación señala el tipo de conjugación a la que pertenece:

1° conjugación:	**-ar**	cant**ar**
2° conjugación	**-er**	hac**er**
3° conjugación	**-ir**	divid**ir**

• En la oración puede funcionar como sustantivo.

Le agrada **leer.**   Vino para **molestar.**

El gerundio

Funciona como determinante de la acción en los tiempos continuos.
  Estaba **cantando** en la escena.

• Puede expresar un momento anterior o simultáneo con respecto al verbo principal de la oración.
  Eligió ir al cine, **sabiendo** que no haría la tarea. (anterioridad)
  Caminando por la calle, **encontró** una llave. (simultaneidad)

• Y suele emplearse cumpliendo la función de adverbio.
  Iban y venían **corriendo.**

• Su terminación no cambia nunca: **-ndo.**

1. Subraya la forma correcta del verbo, según el contexto.

Había calculado **1.** _____ (llegar/llegando) temprano para ir

2. _____ (tomar/tomando) ubicación en el teatro con comodidad. La

función estaba **3.** _____ (comenzar/comenzando), por lo que me dispuse

a **4.** _____ (disfrutar/disfrutando) del espectáculo. En eso vino a

5. _____ (sentarse/sentándose) un hombre muy alto, **6.** _____

(ocultarme/ocultándome) la escena casi completamente. Me incliné hacia un costado,

7. _____ (espiar/espiando) por sobre su hombro. Temí **8.** _____

(incomodar/incomodando) a la señora que estaba a mi lado, por lo que debí

9. _____ (sentarme/sentándome) completamente torcido. La obra fue

maravillosa, según me contó quien me masajeaba para **10.** _____

(aliviar/aliviando) la contractura de mi cuello.

2. Completa las oraciones con las formas verbales que correspondan, según el contexto.

Verbos: insistir, mirar, cuidar, perder

1. Estábamos a punto de _____ el equilibrio cuando llegó el equipo de rescate.

2. Permaneció largo rato inmóvil, _____ hacia el horizonte.

3. No conseguíamos resultados _____ con los métodos de experimentación habituales.

4. El ejercicio es la forma más efectiva de _____ la salud.

El participio

Determina la acción en los verbos compuestos del modo indicativo y del subjuntivo.

Él ya había **saludado** a su familia.　　　　Hemos **cambiado** de coche.

Puede funcionar también como adjetivo y sustantivo. Cuando funciona como sustantivo su forma es singular masculina, precedido por el artículo neutro **lo**.

Le regalé un pañuelo **bordado**. (adjetivo **bordado** modifica a **pañuelo**)

Ellos tomaron por el camino **equivocado**. (adjetivo **equivocado** modifica a **camino**)

Lo **reconocido** suele ser siempre el defecto ajeno. (sustantivo)

1. Escoge la letra que mejor complete cada oración.

1. El ciclista que marchaba a la delantera, _____ por sus competidores, se acercaba a la meta.

    a. perseguir　　　　　　**b.** perseguido　　　　　　**c.** persiguiendo

2. En este punto de la carrera, había _____ casi todos los obstáculos.

    a. superado　　　　　　**b.** superando　　　　　　**c.** superar

3. Desgraciadamente, el momento _____ para saludar a sus seguidores fue inoportuno.

    a. elegir　　　　　　**b.** elegido　　　　　　**c.** eligiendo

4. Luego, lo ya _____ por todos: la rodada y el accidente, del cual tardó mucho en reponerse.

    a. sabiendo　　　　　　**b.** sabido　　　　　　**c.** saber

2. Completa las oraciones con el participio del verbo que corresponda, según el contexto.
    Verbos: caber, satisfacer, permitir, pasar, colgar

1. Llevábamos un estandarte _____ sobre la ventanilla del automóvil.

2. Los alumnos habían _____ su curiosidad en el museo.

3. De haber _____, hubiera llenado el bolso con mi ropa.

4. En la escuela no podíamos apartarnos de lo _____.

5. Aunque han _____ muchos años, aún recuerdo mi primer veraneo.